묵 상

네비게이토 선교회는
국제적이며 복음적인 기독교 기관이다.
예수 그리스도께서는 자기를 따르는 자들에게
"너희는 가서 모든 족속으로 제자를 삼으라"
(마태복음 28:19)는 지상사명을 주셨다.
네비게이토 선교회는 세계 모든 국가에서
예수 그리스도의 일꾼들을 배가시켜
이 지상사명의 성취를 돕는 것을
근본 목표로 하고 있다.

네비게이토 출판사는
네비게이토 선교회의 문서 선교를 담당하고 있다.
본 출판사에서는 그리스도인의 영적 성장을 돕는
서적과 자료들을 출판하여,
그리스도인의 삶의 기초가 견고한
헌신된 제자로 성장하게 하고,
나아가 성숙한 인격과 지도력을 갖춘
일꾼이 되도록 돕고 있다.

Translated by permission
Title originally published in English as
MEDITATION by NavPress,
a ministry of The Navigators.
©1976 by The Navigators
Korean Copyright ©1988
by Korea NavPress

묵 상

짐 다우닝

MEDITATION
THE BIBLE TELLS YOU HOW

JIM DOWNING

네비게이토 출판사

TO KNOW CHRIST AND TO MAKE HIM KNOWN

차 례

저자 소개 / 7

추천의 말 / 9

머리말 / 11

1. 열매 맺는 그리스도인에 대한 하나님의 비유 / 15

2. 지성과 묵상 / 29

3. 묵상을 시작하는 법 / 51

4. 감정과 친교 / 69

5. 하나님과 친교를 갖는 법 / 79

6. 의지와 선택 및 순종 / 103

7. 요약과 결론 / 123

저자 소개

짐 다우닝은 국제 네비게이토 선교회의 부회장 및 이사장을 역임했습니다. 그는 24년간에 걸친 해군 생활을 마무리하고 1956년에 네비게이토 선교회의 간사가 되었습니다.

짐은 고등학교를 졸업하고 1932년에 해군에 사병으로 입대했습니다. 2차 대전이 발발했을 때, 그는 진주만에 정박 중이던 전함 웨스트버지니아호에 배속되어 있었습니다. 12월 7일의 일본의 진주만 공격 시에 살아남은 그는 다른 여러 함정에 배속되어 뛰어난 업적을 남겼습니다. 장교로 진급한 그는 후에 한국동란이 일어나자 미국 군함 파탑스코호를 지휘하기도 했습니다.

짐은 설교자로서 성경 진리에 대한 남다른 통찰력을 가지고 있으며 그 진리들이 일상생활에 어떻게 적용되는지를 가르쳐 왔습니다. 그는 평생을 그리스도의 제자를 삼고 일꾼을 배가하는 일에 헌신하였고, 2018년에 사랑하는 주님 품으로 돌아갔습니다.

추천의 말

이 책은 끊임없이 파도가 흉용하는 바다와 같은 이 세상에 살고 있는 우리에게 고요한 섬으로 항해하는 길을 보여 주고 있습니다. 짐 다우닝은 뛰어난 예화들을 사용하여 매우 이해하기 쉽게 설명합니다.

짐은 어려운 결정을 내려야 하는 매일의 삶에서 매우 실제적인 삶을 살고 있습니다. 대인 관계에서 그는 언제나 사랑과 배려를 나타내고 있는데, 이는 그 자신이 하나님과 긴밀한 교제 가운데 있다는 것을 잘 보여 주는 것입니다.

네비게이토 선교회의 창시자 도슨 트로트맨의 전기를 쓰기 위해 자료를 수집하고 있을 때, 네비게이토 선교회가 태동하고 있을 무렵의 여러 해 동안 짐 다우닝이라는 이름이 자주 나타나는 것을 알 수 있었습니다. 2차 대전이 일어나기 전에 어느 함선에는 예수님을 증거하는 한 무리의 그리스도인들이 있었는데 도슨은 짐을 그들의 인도자로 삼았습니다.

내가 짐을 만난 것은 후에 그가 함장으로 근무하고 있을 때였습니다. 짐이 해군 생활을 끝낼 무렵, 도슨은 그에게 네비게이토 선교회의 전임 간사가 되어 함께 일하자고 간곡히 권면했습니다. 짐은 도슨을 만나 그의 제안을 받아들이기 위해 수양회가 열리고 있던 뉴욕주의 슈룬호 부근의 수양회장으로 갔습니다. 그러나 그가 도착했을 때 도슨은 이미 이 세상 사람이 아니었습니다. 도슨은 바로 몇 시간 전에 호수에 빠진 사람을 구하고 이 세상을 떠났던 것입니다.

짐은 1956년 이래 네비게이토 선교회 본부에서 중요한 책임을 맡아 일해 왔습니다. 벅찬 행정 업무를 감당하면서도, 그는 수양회 강사로도 자주 초빙되어 말씀을 전하고 있습니다. 그는 종종 묵상 및 하나님과의 교제에 대해 말씀을 전하곤 했는데, 이제 처음으로 그 주요 내용들을 책으로 펴내게 되었습니다.

짐은 자신이 전하는 그 말씀대로 살아가는 사람입니다. 그렇기 때문에 그가 이 책에서 보여 주고 있는바 하나님 존전으로 나아가는 길은 단지 이론적인 것이 아니라 오랜 세월 동안 주님과 동행해 오는 가운데 그 자신이 날마다 걸었던 길입니다. 그와 함께 그 길을 걸어 보십시오. 당신의 삶은 더욱 풍성해질 것입니다.

베티 스키너

머리말

동양에 이런 이야기가 전해 내려오고 있습니다. 밤에 말을 타고 사막을 여행하고 있던 세 사람이 이상한 나그네 한 사람을 만났습니다. 그 나그네는 그들에게 얼마 가지 않아 마른 시내 하나를 건너게 될 것이라고 말했습니다.

그는 이어서 "당신들이 그곳에 도착하거든 말에서 내려 시내에서 자갈들을 주워 자루와 호주머니에 채우도록 하시오. 그러고 나서 계속 여행하다가 해가 뜰 때 당신들이 주운 자갈들을 살펴보시오. 당신들은 기뻐하며 한편으로는 애석해 할 것이오"라고 말했습니다.

그 사람의 말처럼, 세 사람은 마른 시내에 도달했습니다. 그들은 호기심으로 여기저기 흩어져 있는 많은 자갈들 중에 몇 개를 주워 호주머니에 넣었습니다. 다음날 해가 뜰 무렵 그들은 주워 온 자갈들을 살펴보았습니다. 그들은 깜짝 놀랐습니다. 그 자갈들은 다이아몬드, 루비, 에메랄드 및 기타 여러 가지 보석들로 바뀌어 있었기 때문입니다.

사막에서 만났던 나그네의 말을 떠올린 그들은 그제야 그 나그네의 말을 이해했습니다. 그들은 주워 온 자갈들이 보석으로 변해 있어 기뻤습니다. 그러나 더 많이 주워 오지 않은 것이 애석했습니다.

그리스도인의 삶도 이와 비슷합니다. 당신이 성경에서 캐낸 진리들이 영적 보석들로 바뀌어 당신의 금고를 채워 갈 때 하나님과 동행하는 삶은 더욱 부요해질 것입니다. 그런 삶을 살 때는 쉽게 영적 정체기를 벗어나 다시 행진을 시작할 수 있습니다.

어느 날 점심 식사를 하기 위해 집에 들렀더니 아내가 "세탁기가 말을 안 들어요. 물을 틀어 수조를 채웠는데도 작동이 되지 않아요"라고 말했습니다. 나는 지하실로 내려가 원인을 알기 위해 세탁기를 벽에서 조금 떼었습니다. 세탁기를 약간 흔들어 주자 돌기 시작하면서 제대로 작동되었습니다. 그래서 나는 아내에게 세탁기가 작동되지 않으면 "흔들어 주라"고 말했습니다.

그런 일은 또 있었고, 그때마다 잘 '흔들어' 주기만 하면 되었습니다. 그러나 내 마음 한구석에는 염려가 가시질 않았습니다. 세탁기를 흔들었는데도 작동이 되지 않으면 어떻게 하지? 그래서 공구들을 가져 와서 세탁기를 열어 보았습니다. 한 부품에 부착된 스프링이 고장 나 있는 것을 알았습니다. 원래는 수조에 물이 적정한 높이까지 차면, 그 부품이 전기 스위치를 작동시켜 물이 들어오는 것을 중단시키고 세탁 과정이 시작되도록 되어 있었습니다. 그러나 스프링이 고장 나 있으니 수조에 물이 차도 누가 흔들어 주기 전에는 세탁기가 작동되지 않았던 것입니다.

영적인 삶에서도 우리는 종종 정상적인 기능을 발휘하지 못할 때가 있습니다. 그러나 성경을 읽거나 기도를 하거나 설교 말씀을 듣거나 그리스도인 친구들의 권면을 들을 때, 우리는 다시 기능을 발휘할 수 있을 정도로 영적으로 충분히 '흔들어질' 것입니다. 그러나 이 모든 것들도 효과가 없으면 어떻게 됩니까?

이 책은 당신에게 영적인 보석들을 많이 캐내는 법, 영적인 수렁에서 헤어나는 법, 영적 정체라는 탐탁지 않은 상태에 있을 때 영적 활기를 되찾는 법 등을 가르쳐 줄 것입니다.

이 책의 내용이 승리하는 그리스도인의 삶을 위한 완벽한 처방은 아니지만, 소개되어 있는 원리들을 실행에 옮기는 사람은 자갈처럼 널려 있는 성경의 진리들이 귀한 보석으로 바뀌는 경험을 할 수 있게 될 것입니다.

나는 포도나무요
너희는 가지니
저가 내 안에
내가 저 안에 있으면
이 사람은
과실을 많이 맺나니
나를 떠나서는
너희가
아무것도 할 수 없음이라.
요한복음 15:5

1
열매 맺는 그리스도인에 대한 하나님의 비유

하나님께서는 신약성경의 진리 가운데 많은 것에 대한 예화나 비유를 구약성경에서 보여 주고 계십니다. 진리를 밝혀 주는 그런 비유는 종종 '천 마디 말'보다 더 가치가 있습니다.

예를 들면, 그리스도께서는 자신이 십자가에 못 박힐 것에 대해 이야기하시면서, 니고데모에게 "모세가 광야에서 뱀을 든 것같이"라고 말씀하셨습니다(요한복음 3:14. 민수기 21:5-9 참조). 이 말씀은 니고데모가 잘 알고 있는 역사적인 사건 하나를 생각나게 함으로써 그의 주의를 환기했을 것입니다. 예수님께서 자신을 선한 목자로 묘사하셨을 때 군중들의 마음속에는 하나님을 개인적인 목자요 자기 백성을 돌보시는 분으로 묘사한 다윗의 불후의 명시가 떠올랐을 것입니다(요한복음 10장. 시편 23편 참조).

신약성경의 가르침을 설명하기 위하여 많은 구약의 사건들이 사용되었습니다.

그리스도 안에 거함

생각해 보고자 하는 진리가 요한복음 15:5에 잘 나타나 있습니다. "나는 포도나무요 너희는 가지니 저가 내 안에, 내가 저 안에 있으면 이 사람은 과실을 많이 맺나니." 이 신약성경의 진리에 대한 구약성경의 비유는 예레미야에 나타나 있습니다. "그러나 무릇 여호와를 의지하며 여호와를 의뢰하는 그 사람은 복을 받을 것이라. 그는 물가에 심기운 나무가 그 뿌리를 강변에 뻗치고 더위가 올지라도 두려워 아니하며 그 잎이 청청하며 가무는 해에도 걱정이 없고 결실이 그치지 아니함 같으리라"(예레미야 17:7-8).

예레미야가 말하는 바를 세 가지로 나누어 생각해 보기로 하겠습니다. 첫째, 그의 말 가운데 나오는 그 나무는 더위와 가뭄이라는 역경 가운데 있었습니다. 그 더위나 가뭄이 얼마나 심했는지는 모르나 땅이 메말라 있었던 것은 확실합니다. 아마도 3년 정도는 가물었을 것이고 기온은 그늘에서도 섭씨 40도가 넘었을 것입니다.

둘째, 불리한 기후 조건 하에서 예사롭지 않은 현상이

일어났습니다. 더위와 가뭄에도 불구하고 그 나무는 잎사귀가 계속 푸르렀고, 열매를 맺을 계절이 되면 어김없이 열매를 맺었습니다. 자연의 이치로 볼 때 이런 일은 일어날 수 없는 것처럼 보였습니다.

셋째, 그 나무는 비밀이 있었는데, 그 비밀이란 뿌리를 강변까지 뻗치고 있었다는 것입니다. 그 나무의 뿌리들은 강이 공급해 주는, 생명을 주는 수분과 접촉을 유지하고 있었습니다.

이 구절은 요한복음 15:5의 진리에 대한 구약성경의 비유입니다. 구약성경에 나오는 이 나무, 즉 강에 뿌리를 뻗치고 영양분을 섭취하는 이 나무는 그리스도인, 즉 그의 영혼의 뿌리가 예수 그리스도와 접촉하고 있어 예수님으로부터 양분을 섭취해 열매를 맺는 그리스도인의 비유입니다.

열매 맺는 그리스도인은 자기 영혼의 뿌리를 거룩한 자원의 원천까지 뻗쳐서 때와 장소와 환경에 관계없이 하나님으로부터 영양을 섭취하는 법을 알고 있습니다. 하나님께서는 선지자 이사야를 통해 "…피하여 남는 자[참된 신자]는 다시 아래로 뿌리를 박고 위로 열매를 맺히리니"(이사야 37:31)라고 말씀하셨습니다. 열매를 맺는 나무와 같이 열매 맺는 그리스도인은 영혼의 뿌리를 예수님 안에 박고 있어 그분으로부터 필요한 영양분을 섭취합니다.

"저가 내 안에, 내가 저 안에 있으면 이 사람은 과실을 많이 맺는다"라고 하실 때 예수님께서 말씀하신 열매는 어떤 의미를 내포하고 있었을까요? 열매가 무엇인지 알기 위해 먼저 우리는 베어 넘어뜨린 나무의 그루터기를 살펴볼 필요가 있습니다. 거기에는 나이테라는 테가 있는데 그것은 나무의 나이를 나타내고 있습니다. 그러나 이 테들은 다른 정보도 알려 줍니다. 간격이 좁은 테는 가문 해에 형성된 것입니다. 간격이 넓은 테는 그해에 영양 공급이 충분했다는 것을 보여 줍니다.

이것은 중요한 발견으로서 영적인 면도 이와 비슷합니다. 요즈음 우선순위를 지키는 것의 중요성에 대해 많이 듣고 있습니다. 이것은 새로운 생각이 아닙니다. 하나님께서는 나무를 위해서도 우선순위를 정하셨는데, 그것은 시간 사용에 대한 것이 아니고 섭취한 영양의 용도에 대한 것입니다.

첫 번째 우선순위는 생명의 유지입니다. 적은 양의 영양분밖에 섭취하지 못하면 그것은 나무의 생명을 유지하는 데에 사용됩니다. 내 사무실이 있는 건물은 콜로라도주 로키산맥 산기슭의 작은 언덕에 자리 잡고 있습니다. 그 사무실 창문 밖의 바위로 된 절벽 중간에는 상록수 한 그루가 있습니다. 수년 동안 그 나무를 관찰해 왔지만 전혀 자란 것 같지가 않습니다. 이 사실은 그 나무가 아주 어렵게 섭취한 영양은 모두 생명을 유지하는 데만 사용되었음을 나타냅니다.

두 번째 우선순위는 성장입니다. 나무가 생명을 유지하는

데 필요한 정도 이상의 영양을 섭취하면 나무는 위로, 아래로, 앞뒤좌우로 자라납니다. 그래서 나이테 가운데 어떤 것은 다른 것보다 간격이 넓은 것을 볼 수 있습니다.

생명 유지와 성장에 필요한 그 이상의 영양이 섭취되면 그것은 세 번째 우선순위에 주어집니다. 그 영양분은 열매로 바뀝니다. 과실나무는 사람으로 치면 아주 까다로운 사람과 같습니다. 생명 유지와 성장을 위한 필요가 다 채워지기까지는 좋은 열매를 맺지 않습니다.

그러면 열매란 무엇입니까? 그것은 나무가 생명 유지와 성장에 필요한 그 이상으로 섭취한 영양분, 넘친 영양분, 즉 잉여 영양분입니다. 나는 사과나 배를 볼 때 '저것은 생명 유지와 성장을 위한 나무의 필요를 채우고 넘친 영양분이구나'라고 생각합니다. 우리가 그리스도로부터 영양분을 충분히 섭취하여 생명 유지 및 성장을 위한 필요를 만족시키고 나면, 나머지 넘쳐흐르는 그리스도의 사랑, 그리스도로부터 섭취한 영양분은 열매가 되어 나타날 것입니다.

역 경

군함이나 상선들은 해양 국가의 경제와 안보에 큰 영향을 미쳐 왔습니다. 이러한 배들의 가장 중요한 부분은 앞 돛대였습니다. 그것이 지지하고 있는 무거운 돛에 바람이 불어 닥치면 그 앞 돛대에는 큰 힘이 가해졌습니다. 강풍을 만나는 경우에는 그 돛대가 부러져서 배와 화물뿐만 아니라 선원들의 생명이 위험에 처할 때도 있었습니다. 만약에 돛대에 결함이 있었던 것으로 드러나면 조선업자의 평판에 문제가 생겼습니다.

그러한 불행을 막기 위해 훌륭한 조선업자들은 높은 언덕의 정상에 있는 나무를 돛대감으로 점찍어 두고는 그 나무를 바람으로부터 보호할 만한 주위의 모든 나무들을 베어 버렸습니다. 그 후 여러 해 동안 동서남북으로부터 바람이 불어 닥치고, 그 나무는 어려운 여건 가운데서 더욱 단단하게 자라 갑니다. 드디어 그 나무는 배의 돛대가 되기에 충분할 정도로 강하고 튼튼한 나무가 됩니다.

그 나무가 자라고 있을 때에 수분을 빨아들이는 것을 관찰할 수 있다면, 폭풍이 몰아칠 때는 줄기를 통해 물이 솟아오르는 것을 볼 수 있을 것입니다. 바람에 의해 나무가 휘어짐에 따라 열이 발생하고, 이로 인해 나무는 더 많은 영양분을 빨아들이지 않으면 안 됩니다. 뙤약볕이 내리쬘 때도 마찬가지입니다. 또한 과실수의 경우에는 열매가 형성될 때 아주 많은 물을 빨아들입니다. 사실 열매가 형성되고 있을 때 육안으로 나무줄기 내에서 일어나는 일을 관찰할 수 있다면, 뒤집어 놓은 폭포처럼 많은 물이 위쪽으로 향하는 것을 볼 수 있을 것입니다.

하나님과 동행하는 가운데 만나는 역경은 성장 과정의 일부입니다. 하나님께서는 우리로 하여금 더 강해지고 더 많은 열매를 맺도록 하기 위해 그러한 역경을 허락하시는 것입니다. 우리의 삶 가운데 허락하시는 그러한 경험들은 그 경험의 어려움의 정도에 따라 많거나 혹은 적은 양의, 예수님으로부터 오는 영양을 필요로 하고, 우리가 알다시피 예수님께서는 그때그때 영양을 공급해 주십니다. 마치 나무가 세게 흔들릴 때 더 많은 물을 빨아들이듯이 역경이란 그리스도인들이 하나님의 자원을 더 많이 빨아들이는 기회가 되는 것입니다. 당신은 뿌리를 강변까지 뻗친 나무처럼 될 수 있습니다. 그렇게 되면 더위와 가뭄이 와도 잎은 언제나 청청하고 끊임없이 열매를 맺을 것입니다. 살아가면서 만나게 되는 역경 속에서도 열매를 맺는 그리스도의 제자가 되는 것이 그리스도인의 목표입니다.

약 속

하나님께서는 또 다른 비유를 통하여 그리스도 안에 거하는 것이 나무가 영양분을 흡수하는 것과 어떻게 유사한지를 보여 주셨습니다. 하나님과 포도원으로 비유된 하나님과 백성의 관계에 대해 말씀하시면서, 하나님께서는 "나 여호와는 포도원지기가 됨이여, 때때로(계속) 물을 주며 밤낮으로 간수하여…"(이사야 27:3)라고 말씀하셨습니다.

자기 집 뜰에 있는 잔디를 완벽하게 간수하는 사람은 많지 않습니다. 대개 그것은 너무 축축하거나 건조합니다. 이 문제를 해결하기 위한 한 가지 방편은 자동 수분 측정기를 발명하여 포기마다 설치하는 것입니다. 그 측정기는 그것이 설치된 포기에 물 한 분자가 필요한 즉시 살수 장치를 가동하게끔 만들어져야 합니다. 이런 장치를 만드는 것은 불가능한 일입니다. 그러나 하나님께서는 자기 백성들에게 "때때로(계속) 물을 준다"고 말씀하십니다. 하나님의 신속한 손길이 필요한 즉시, 낮이든 밤이든 상관없이 하나님께서는 도움을 베풀어 주시는 것입니다. 그분은 언제나 예비하고 계시며, 필요할 때는 언제나 우리 영혼을 먹이시겠다고 약속하십니다.

영혼의 세 뿌리

우리가 그리스도로부터 영양분을 섭취하는 통로는 영혼의 뿌리인데, 그것은 지금까지 살펴본 나무의 뿌리에 해당됩니다(예레미야 17:8).

시편은 우리가 어떻게 하나님의 영적인 양분을 섭취하는지를 이해하는 데 열쇠가 됩니다. 많은 시편을 통하여 우리는 그 시편 기자가 하나님과 교제하고 하나님께 예배

그림 1

하는 말이나 대화 내용을 엿들을 수 있습니다. 우리는 시편 기자가 하나님께 다음과 같이 직접 말씀드리는 것을 보게 됩니다.

- "여호와여, 나의 대적이 어찌 그리 많은지요!"(시편 3:1).
- "내 의의 하나님이여, 내가 부를 때에 응답하소서" (4:1).

열매 맺는 그리스도인에 대한 하나님의 비유 23

- "여호와여, 나의 말에 귀를 기울이사 나의 심사를 통촉하소서"(5:1).
- "여호와여, …나를 견책하지 마옵시며, …나를 징계하지 마옵소서"(6:1).
- "여호와 내 하나님이여, 주께 피하오니… 나를 구하여 건지소서"(7:1).
- "여호와 우리 주여, 주의 이름이 온 땅에 어찌 그리 아름다운지요"(8:1).
- "…지극히 높으신 주의 이름을 찬송하리니"(9:2).
- "여호와여, 어찌하여 멀리 서시며 어찌하여… 숨으시나이까?"(10:1).

하나님과 교제할 때, 시편 기자는 또한 자신에 대해 다음과 같이 말했습니다.
- "나의 영혼아, 잠잠히 하나님만 바라라"(62:5).
- "내 영혼이 주를 더 기다리나니"(130:6).
- "여호와여, 나의 영혼이 주를 우러러보나이다"(25:1).

이 구절들은 하나님과 교제하는 것은 우리의 영혼이라는 사실을 보여 줍니다. 그러면 사람에게 있는 이 영혼이라는 무형의 부분은 무엇입니까? 신학자들은 일반적으로 영혼의 구성 요소에 관해 의견이 일치하고 있습니다. 그것은 **지성과**

감정과 의지입니다. 어떤 이는 영혼은 지성에 의해 알고 감정에 의해 느끼며 의지에 의해 선택한다고 했습니다.

영혼이 하나님과 교제하는 데는 지성과 감정과 의지가 수반됩니다. 성경은 이 세 가지 각각에 대해 많이 언급하고 있습니다. 나무가 뿌리를 통해 생명 유지와 성장과 결실을 위한 영양분을 섭취하는 것과 똑같이, 우리는 영적인 생명을 유지하고 성장하고 그리스도를 닮은 열매를 맺기 위해 영혼의 뿌리 즉 지성과 감정과 의지를 통해 그리스도로부터 영적 양분을 섭취하는 것입니다. 지성과 감정과 의지는 우리가 그리스도로부터 양분을 섭취하도록 하나님께서 만들어 주신 통로입니다. 이것은 앞에 있는 그림으로 나타낼 수 있습니다.

시편 1편은 예레미야의 것과 동일한 주제를 다루고 있습니다. "저[열매 맺는 그리스도인]는 시냇가에 심은 나무가 시절을 좇아 과실을 맺으며 그 잎사귀가 마르지 아니함 같으니 그 행사가 다 형통하리로다"(시편 1:3). 재미있는 몇 가지 유사점을 관찰할 수 있습니다. 두 말씀 모두에 강가에 심기운 나무가 나옵니다. 그 나무는 열매를 맺습니다. 그 잎사귀는 마르지 않습니다.

지금까지 어떻게 이 예화를 우리 삶에서 현실로 만들 수 있는지에 대해서는 한마디의 암시도 없었습니다. 그러나 시편 기자는 그 비결을 알려 줍니다. 그것은 "오직 여호와의 율법을 즐거워하여 그 율법을 주야로 묵상하는"(1:2) 것입니다. 이 말씀에서의 중심 단어는 묵상입니다. 영혼의 뿌리의 첫 번째 부분인 지성은 하나님의 말씀을 묵상함으로써 하나님으로부터 영양을 섭취합니다. 하나님의 말씀을 묵상하는 법을 알고 있는 그리스도인은 영혼의 뿌리를 그리스도 안에 박아 어느 때, 어느 장소, 어떤 환경에서든 필요한 영적 영양을 그리스도로부터 섭취하는 첫 번째 비결을 알고 있는 셈입니다.

영혼이 그리스도로부터 영적 양분을 섭취하는 두 번째 방법은 예레미야에서 찾아볼 수 있습니다. 그것은 "그 심령은 물 댄 동산 같겠고"(예레미야 31:12)라는 약속입니다. 이 구절의 앞부분에는 하나님과의 친밀한 관계에 대해 서술하고 있는데, "담대히 내게 접근할 자가 누구뇨?"(30:21)라는 질문이 그 절정을 이루고 있습니다. 우리가 그리스도 안에 거하고 그리스도께서 우리 안에 거하시게 하려면 친교를 통해 하나님의 마음과 우리의 마음을 연결해야 합니다.

지성을 사용하여 묵상하는 것과 감정을 사용하여 친교를 갖는 것은 하나님의 자원을 끌어 쓰는 두 가지 통로입니다. 하나님의 자원에 이르는 영혼의 세 번째 통로는 의지입니다. 선택을 할 때 의지가 사용됩니다. 시편 기자는 "여호와를 신뢰하고 선을 행하라. 그러면 너희가… 번영을 누리며 안전하게 살 것이다"(시편 37:3, 현대인의 성경)라고 명령합니다. 이 말은 "갈등이나 시험이 있을 때는 선을 선택하라. 순종하기를 선택하라. 하나님께서는 네게 영적인 영양분을 공급해 주시는 것으로 응답하실 것이다"로 풀어 쓸 수 있을 것입니다.

한 영혼이 의지를 통하여 하나님께 순종하기로 선택할 때, 하나님께서는 그 영혼을 그분 자신으로 채워 주시는 것으로 응답하십니다. 하나님께서는 또한 "주린 자에게 네 심정을 동하며 괴로워하는 자의 마음을 만족케 하면,… 나 여호와가… 마른 곳에서도[가물 때에도] 네 영혼을 만족케 하며,… 너는 물 댄 동산 같겠고 물이 끊어지지 아니하는 샘 같을 것이라"(이사야 58:10-11)고 약속하십니다. 이와 비슷한 약속으로는 하나님께 순종하여 남을 윤택하게 하기로 선택하는 자는 윤택해진다는 약속이 있습니다(잠언 11:25 참조).

이와 같이 의지로써 하나님께 순종하기로 선택하면, 하나님께서는 우리 영혼을 윤택하게 해주시는 것입니다. 그리스도를 모시고 있는 자든 그리스도를 모르는 자든 궁핍한 자에게 우리가 손을 뻗치기로 선택할 때, 하나님께서는 영적인 영양을 공급해 주십니다. 우리 영혼을 물 댄 동산 같게 하시겠다는 하나님의 약속이 이루어지는 것입니다.

이후의 장들에서 말씀의 세부적인 가르침을 살펴보겠습니다. 우리는 지성을 사용하여 묵상하고, 감정을 사용하여 친교를 가지며, 의지를 사용하여 결단과 선택을 하는 법에 중점을 둘 것입니다. 이러한 것들을 사용함으로써 나무의 비밀을 응용하는 법을 배워 갈 것입니다. 영혼의 뿌리인 지성과 감정과 의지를 통해 하나님과 접촉함으로써 우리는 때와 장소와 환경에 상관없이, 영양을 공급받으며, 영적인 삶을 유지하며, 열매를 맺게 됩니다.

2
지성과 묵상

1 0,000 가지에 가까운 생각들이 날마다 우리 마음속을 스쳐 지나갑니다. 하나님께서는 이 모든 생각들이 영적이길 원하십니다. 성경은 영혼의 뿌리의 첫 번째 부분이요 아주 중요한 부분인 지성을 사용하여 묵상하는 것에 대해 많이 언급하고 있습니다. 우리는 지성을 사용하여 하나님의 말씀을 묵상할 때 바로 그리스도로부터 영적 양분을 섭취하게 된다는 점을 명심해야 합니다.

하나님께서는 묵상의 과정을 명확하게 보여 주고 계십니다. 여호수아에게 명령하시면서 하나님께서는 "이 율법 책을 네 입에서 떠나지 말게 하며, 주야로 그것을 묵상하여, 그 가운데 기록한 대로 다 지켜 행하라"(여호수아 1:8)고 말씀하셨습니다. 성경의 다른 부분에서도 묵상을 권면하고 있는 구절들이 많이 있습니다.

- "나의 반석이시요 나의 구속자이신 여호와여, 내 입의 말과 마음의 묵상이 주의 앞에 열납되기를 원하나이다"(시편 19:14).
- "내가 나의 침상에서 주를 기억하며 밤중에 주를 묵상할 때에 하오리니"(63:6).
- "내가 주의 법도를 묵상하며"(119:15).
- "나는 주의 법도를 묵상하리이다"(119:78).
- "내가 주의 법을 어찌 그리 사랑하는지요! 내가 그것을 종일 묵상하나이다"(119:97).
- "내가 주의 증거를 묵상하므로"(119:99).
- "주의 말씀을 묵상하려고 내 눈이 야경이 깊기 전에 깨었나이다"(119:148).
- "오직 여호와의 율법을 즐거워하여 그 율법을 주야로 묵상하는 자로다"(1:2).

하나님께서는 자기 자녀들이 지성을 사용하여 묵상하는 것이 매우 중요하다고 생각하시고 묵상에 대해 여러 곳에서 말씀하신 게 틀림없습니다. 그것은 성경에서 언급하고 있는 매우 중요한 주제 가운데 하나입니다. 성경은 우리가 행하기를 배울 필요가 있는 것들을 구체적으로 보여 줍니다.

하나님께서는 몇 가지 통로로 하나님의 말씀을 섭취할 수 있게 하셨습니다. 건강한 그리스도인이 되려면 하나님의 말씀을 먹어야 합니다. 이를 행하는 방법 중에는 듣기와 읽기, 공부, 암송 등이 있습니다.

하나님의 말씀을 섭취하는 방법 가운데 하나는 영적 지도자들이 가르치거나 설교하는 말씀을 듣는 것입니다. 예를 들면, 목회자는 자기 회중을 영적으로 먹여야 할 책임이 있으며, 이를 위해 하나님의 말씀을 회중 앞에서 잘 풀어 설명해 주어야 합니다. 느헤미야와 에스라를 비롯한 지도자들은 그러한 면에서 아주 훌륭한 모본을 보였습니다. 그들은 백성들 앞에서 하나님의 율법 책을 낭독하고, 그 뜻을 해석하여 백성으로 그 낭독한 말씀을 다 깨닫게 하였습니다(느헤미야 8:8).

요한은 하나님의 말씀을 읽는 자는 복을 받는다고 확신시켜 줍니다(요한계시록 1:3). 새로운 곳으로 이사를 한 어느 어린 소년은 할머니와 함께 살고 있는 이웃의 한 소년과 친구가 되었습니다. 그런데 이사 온 그 소년이 보기에는 그 할머니는 자기가 볼 때마다 성경을 읽고 있는 것 같았습니다. 그래서 그 소년은 자기 새 친구에게 "왜 너희 할머니는 언제나 성경을 읽고 계시니?" 하고 물어 보았습니다.

그 소년은 "나도 몰라. 아마 마지막 시험에 대비하여 공부하고 계신 거겠지"라고 대답했습니다.

우리는 나이에 상관없이 하나님의 말씀을 섭취할 필요가 있습니다. 성경 말씀은 떡, 고기, 젖, 꿀 등으로 불리어지고 있습니다. 이러한 음식들을 섭취할 때 이것들이 우리 육체를 위해 해 주는 것과 성경 말씀을 읽을 때 그 말씀이 우리 영을 위해 해 주는 것은 흡사합니다.

우리는 말씀을 좀 더 깊이 파고들기 위해서 그 말씀을 공부할 필요도 있습니다. 읽기와 공부는 큰 차이가 있습니다. 언젠가 내가 시사 연구반에 들어 있을 때, 옆자리에 있는 학생의 잡지를 들여다 본 적이 있었습니다. 그 책의 본문에는 군데군데 밑줄이 그어져 있었고, 여백에는 주석이 기록되어 있었으며, 그 외에도 주의 깊게 공부했다는 여러 가지 증거를 찾아볼 수 있었습니다. 어떤 공부든 그 결과로 해당 주제가 체계화되되 정연하게 다른 사람에게 제시할 수 있어야 합니다.

성경공부에 있어서도 마찬가지입니다. 좋은 성경공부 방법에는 다음과 같은 것들이 포함됩니다.

1 독창적인 고찰(그 성경 본문에 대해 다른 사람이 쓴 것을 읽기 전에 이것을 행하십시오.)
2 본문을 당신 자신의 말로 다시 쓰는 것
3 개인적인 적용
4 체계적인 공부(이를 통해 성경 내용에 대해 더 많이 알아 가게 된다.)
5 단순성(성경공부 방법은 다른 사람과 나눌 수 있게끔 단순해야 한다.)

영적으로 승리하는 삶을 살며 다른 사람들에게 우리 믿음을 능력 있게 전파하려면 하나님의 말씀을 **암송해야** 합니다.

내가 그리스도인이 된 지 얼마 안 되었을 무렵에 알았던 어떤 사람은 자기 손바닥의 살 속에 바늘이 들어 있는 게 틀림없다고 믿고 있었습니다. 그의 말에 따르면, 그가 유혹에 굴복하려고만 하면 바늘로 손바닥을 찌르는 듯한 통증을 느낀다는 것이었습니다. 그의 말이 사실인지 아닌지는 잘 모르지만 그것은 중요한 영적인 사실에 대한 좋은 예화가 됩니다. 성령께서는 우리 마음 판에 새겨진(잠언 7:3) 말씀을 사용하여 우리에게 유혹의 공격에 대항하라고 상기시키십니다.

내가 알고 있는 어떤 그리스도인은 이웃 사람을 그리스도께 인도하려고 노력할 때, 어려운 질문에 답하기 위해 자기

지혜나 능력을 의지하지 않았습니다. 그 대신 그는 언제나 "그래서 주님께서는 다음과 같이 말씀하고 계시지요"라는 말로 시작하여 성경 말씀을 인용했습니다. 그 이웃은 드디어 그리스도께 나아왔는데, 암송했다가 인용하는 하나님의 말씀의 권위 때문에 "나는 더 이상 하나님과 논쟁을 벌일 수가 없었습니다"라고 말했습니다.

어떤 방식으로 말씀을 섭취했든 우리는 말씀에서 깨달은 바를 삶에 적용해야 합니다. 야고보는 비유를 들어 이 진리를 잘 설명하고 있습니다(야고보서 1:22-25). 우리 외모에 고쳐야 할 것이 있는지 알아보기 위해 거울을 들여다보는 것처럼, 우리는 영적으로 고쳐야 할 것을 알아보기 위해 하나님의 말씀이라는 거울을 들여다보아야 하며, 외모의 잘못된 부분을 발견하는 즉시 고치듯이 영적으로 잘못된 것을 깨닫는 즉시 바로잡아야 하는 것입니다.

마지막으로, 하나님의 말씀을 **묵상함으로써** 열매 맺는 그리스도인이 됩니다.

묵상의 과정

묵상이란 도대체 무엇입니까? 영어로 묵상이라는 단어의 동의어 가운데 하나는 **되새김질**이라는 단어입니다.

소, 양, 염소, 영양, 낙타, 기린 등을 포함한 많은 동물들이 되새김질을 하는 동물에 속합니다. 이러한 동물들은 모두 네 개씩의 위를 가지고 있습니다. 보다 전문적으로 말한다면, 그들의 위는 네 개의 방으로 나누어져 있는 것입니다.

이러한 동물들이 소화하는 과정은 우리의 관점에서 보면, 별로 품위가 있는 것 같지는 않습니다. 젖소가 풀을 뜯는 것을 관찰해 보면, 아침 일찍 풀밭으로 나가 마치 잔디 깎는 기계처럼 풀에 머리를 박고는 누가 방해를 하지 않는 한 결코 고개를 들지 않습니다. 젖소는 진정으로 먹는 일에 집중합니다.

되새김질하는 동물들은 먹이를 재빨리 대강 씹어 삼킵니다. 그런 후 아침 10시쯤 되어 해가 뜨거워지면 젖소는 그늘에 누워 첫 번째 위로부터 음식을 조금씩 입으로 토해 냅니다. 이번에는 그것을 철저히 씹습니다. 그리하여 음식물은 둘째, 셋째, 넷째 위로 보내어집니다. 마침내 소화된 음식물은 그 동물의 피 속에 흡수되어 문자 그대로 그 동물의 생명의 일부가 되는 것입니다.

내 친구인 휴버트 미첼 박사는 인도에서 오래 살았습니다. 그는 거기서 암소가 되새김질하는 것을 주의 깊게 살펴보고는 그 정확성에 놀라움을 금할 수 없었다고 합니다. 그 소는 마치 타이머를 가지고 있는 것처럼 보였습니다.

그가 자기 손목시계로 시간을 재어 본 결과, 그 소는 첫 번째 위로부터 음식물을 꺼내서는 55초 동안 씹어서 삼키고 다시 음식물을 꺼내서 씹기 시작하더라는 것이었습니다. 그가 시간을 재고 있는 동안 그 소가 씹는 시간은 55초에서 1초도 어긋나는 일이 없었습니다.

되새김질과 묵상은 동의어입니다. 다시 꺼낸 음식물을 소가 씹을 때마다 영양분은 풀로부터 빠져 나와 소의 침과 혼합되어 다른 위로 보내어집니다. 음식물로부터 빼낸 영양분은 문자 그대로 그 소의 혈액의 일부가 되는 것입니다.

우리가 하나님의 말씀을 묵상할 때, 영적 영양분이 말씀을 통해 예수님으로부터 흘러나와 우리 영적 혈액의 일부가 됩니다. 성경 말씀은 우리가 예수님으로부터 영적 영양분을 공급받는 주된 수단입니다.

내 친구 하나는 네비게이토 선교회는 하나님의 말씀을 너무나 중요시하여 그것을 그리스도보다 더 존중하는 것 같은 느낌이 든다고 한 적이 있습니다. 좋은 뜻에서 그는 자기와 그리스도 사이에 아무것도, 심지어 성경도 끼어들기를 원치 않는다고 말한 것입니다. 나도 그리스도와 그 사이에 아무것도 끼어들어서는 안 된다는 그의 의견에는 동의합니다. 그러나 하나님의 말씀은 우리 영혼과 하나님 사이에 끼어들지 않습니다. 그것은 문이지 담장이 아니며,

이를 통해 우리는 그리스도와 교제하며 그로부터 영적 양분을 흡수하는 것입니다. 다윗은 다음과 같이 말했습니다. "내가 주의 성전을 향하여 경배하며 주의 인자하심과 성실하심을 인하여 주의 이름에 감사하오리니, 이는 주께서 주의 말씀을 주의 모든 이름 위에 높게 하셨음이라"(시편 138:2).

이 주제에 대해서는 성경의 다른 두 곳에도 언급되어 있습니다. 초신자였을 때 나는 워싱턴주 브레머턴의 YMCA 성경공부 반에 출석했습니다. 교사는 나이 지긋한 베테랑 목사였는데, 그는 "그때에 내가 말하기를 '내가 왔나이다. 나를 가리켜 기록한 것이 두루마리 책에 있나이다'"라는 시편 40:7 말씀은 중요한 의미를 약화시키고 있는 것 같다고 말했습니다. 그는 이 말씀이 강조하고자 하는 바가 제대로 나타나려면 "내가 두루마리 책을 통해 온다"로 번역되어야 할 것이라고 느끼고 있었습니다. 이 구절의 말씀은 예수 그리스도께서 다윗을 통해 예언적으로 말씀하신 것입니다. 예수님께서는 두루마리 책 즉 하나님의 말씀을 통해 우리 삶 가운데로 들어오십니다. 우리는 성경 말씀을 통해서만 예수님을 알 수 있습니다. 그분은 오직 성경 말씀을 통해서 자신을 우리에게 나타내시는 것입니다.

1950년대에 네비게이토 선교회는 콜로라도주 콜로라

도스프링스에 있는 글렌에리 수양회장에서 기초 훈련 프로그램을 운영한 적이 있습니다. 그 훈련 과정에는 그 프로그램에 참석한 각 사람으로 하여금 매월 적어도 한나절을 떼어 하나님과 단둘이 교제하는 시간을 갖게 하는 것도 포함되어 있었습니다. 하나님과 그런 시간을 가져 보지 못한 사람들에게는 그것은 두려운 일이었습니다. 도대체 그들은 무엇을 할 것인가? 하나님과 단둘이 한나절 동안이나!

  그 프로그램의 책임을 맡고 있던 우리는 그들에게 방향 설정을 해주고, 하나님과의 시간을 갖기 위해 언덕으로 올라갈 때에 무엇을 가지고 가야 하는지, 그리고 거기서 무엇을 해야 하는지를 가르쳐 주었습니다. 그들이 가지고 가도록 우리가 강력히 추천한 것은 성경이었습니다. 사실 그것은 가지고 가야 할 것 중에서 가장 중요한 것이었습니다. 훈련생들은 나무, 바위, 언덕, 덤불 등의 사이에 앉아 하나님과 만나고자 시도했으나 뜻을 이루지 못했습니다. 그러나 성경을 열었을 때, 그들은 하나님을 만날 수 있었습니다. 하나님께서는 참으로 성경을 통해 우리에게로 오시는 것입니다.

  이 진리에 대한 또 하나의 예화는 요한복음에 나옵니다. 그리스도께서는 불가사의한 방법으로 수많은 군중들을 먹이셨습니다(요한복음 6:1-14). 이것은 예수님을 따르던 사람들에게 대단한 경험이었습니다. 사실 그들 중에는 예수님을 따라다니는 것이 사회 보장 연금을 받는 것보다 더 낫겠다는 생각을 한 사람들이 틀림없이 있었을 것입니다. 그들은 필요한 것이 있기만 하면 예수님께서 물질의 원자 배열을 바꾸어 그들에게 필요한 것을 만들어 주실 것으로 생각했습니다. 그러나 예수님께서는 그러한 생각을 기뻐하지 않으셨으며, 자신이 신비한 방법으로 만든 그 떡은 영적으로 그들에게 아무 도움이 되지 않는다고 말씀하셨습니다. 무리들은 "기록된 바 하늘에서 저희에게 떡을 주어 먹게 하였다 함과 같이 우리 조상들은 광야에서 만나를 먹었나이다"(6:31)라고 말함으로써 예수님에게서 만나와 같은 먹을 것을 기대한 것 같습니다. 그러나 40년 동안 매주 엿새 동안 하늘에서 내렸던 만나는 이스라엘 사람들의 영적인 삶에 별로 도움이 되지 않았습니다. 이처럼 예수님께서는 자신이 신비한 방법으로 만들어 그들에게 공급한 떡은 그들의 영적인 삶에 보탬이 되지 않는다는 것을 알고 계셨습니다. 그 대신 예수님께서는 "내가 곧 생명의 떡"(6:35)이라고 말씀하셨습니다. 주님께서는 사실상 "너희들은 나를 먹어야 한다. 나는 생명의 떡이다. 나는 너희들에게 영적인 영양을 준다"라고 말씀하신 것입니다.

어떻게 예수님을 먹고 삽니까? 이에 대한 설명은 주님의 다음 말씀에서 찾아볼 수 있습니다. "…내가 너희에게 이른 말이 영이요 생명이라"(6:63). 성경은 그리스도와 우리 사이의 장벽이 아니라 우리가 그분으로부터 양분을 섭취할 수 있도록 마련해 주신 방편입니다.

되새김질하는 동물이 풀이나 건초를 씹음으로써 영양분을 빼내어 혈액 속으로 이동시키는 것과 똑같이, 우리는 하나님의 말씀을 묵상함으로써 예수님으로부터 양분을 섭취하여 우리의 영적 혈액 속으로 이동시킵니다. 이를 통해 "나는 포도나무요 너희는 가지니 저가 내 안에, 내가 저 안에 있으면 이 사람은 과실을 많이 맺나니"(요한복음 15:5)라는 예수님의 말씀이 이루어지는 것입니다.

묵상에 있어서의 잠재의식

묵상의 중요성은 하나님께서 여호수아에게 하신 명령과 시편 기자를 통해 하신 약속을 보면 알 수 있습니다(여호수아 1:8, 시편 1:3). 주야로 실제로 하나님의 말씀을 묵상하라는 것은 참으로 놀라운 도전이 아닙니까! 이 말씀들은 단지 묵상을 강조하기 위해 과장해서 표현하고 있는 것입니까? 전혀 그렇지 않습니다. 그렇다면 이 명령을 문자 그대로 받아들여야 합니까? 물론입니다. 이 명령은 순종할 수가 있는 것입니까? 그렇습니다. 우리는 밤낮으로 묵상하는 것이 가능할 뿐만 아니라 밤에 하는 묵상이 낮에 하는 묵상의 열쇠가 된다는 사실도 깨닫게 될 것입니다. 그렇게 하는 것은 실제적이고, 축복되며, 유익을 줍니다.

잠이 막 들려고 할 때 몸의 모든 근육이 뻣뻣해지는 경험을 한 적이 있습니까? 그때는 온 몸에 경련이 오고, 마치 침대에서 2~3cm는 뜨는 듯한 느낌이 들면서 이불을 차 버리기도 합니다. 그런 일은 아주 순간적으로 일어나지만, 당신은 자신의 몸에 뭔가 부자연스런 일이 일어났었다는 것을 압니다. 당신의 심장은 이제 빠른 속도로 뛰고 숨이 가쁩니다. 당신은 '무슨 일이 일어났었지? 심장이 멈추기라도 했었나?'라고 생각하게 됩니다.

사람은 의식과 잠재의식을 가지고 있다는 사실이 일반적으로 받아들여지고 있습니다. 그 둘이 어떻게 작용하는지에 대해 많이는 알고 있지 못하지만, 우리가 잠이 들 때 의식은 임무를 벗는 것 같습니다. 우리 몸은 복잡한 메커니즘을 가지고 있으며, 심장이 계속 뛰고 있고 피가 순환하고 있으며 폐가 공기를 마시고 내뱉고 있다면 잠을 자고 있을 때도 몸을 통제하는 일이 필요합니다. 이 일이 잠재의식에게로 넘어갑니다. 잠재의식의 임무 가운데 하나는 잠을 자고 있을 동안 몸이 계속 정상적으로 기능을 발휘하게 하고 생명을 유지하는 것입니다.

대인 관계에서 발생하는 큰 문제 가운데 하나는 의사소통의 문제라는 데 많은 사람들이 인식을 같이하고 있습니다.

어떤 의사소통에서든 의사전달이 안 되거나 잘못되는 일은 있습니다. 이와 마찬가지로, 의식과 잠재의식 사이의 의사소통에서도 차질이 있을 수 있는 것 같습니다. 의식은 자기가 곧 임무를 벗는다는 것을 잠재의식이 알고 신체 기능을 통제하는 임무를 인계받을 것이라고 생각했는데, 잠재의식은 그렇지 못할 수가 있는 듯합니다. 의사소통 상의 차질이 발생하는 것입니다.

우리가 깨어 있을 때는 우리 몸의 모든 근육과 신경 섬유 및 세포들이 의식의 통제 하에 있고 우리가 잠을 자고 있을 동안에는 이것들이 잠재의식의 통제 하에 있다고 생각해 봅시다. 이것은 의식이 잠재의식에게 통제권을 넘겨주는 순간이 있다는 것을 의미합니다.

이것이 앞서 말한, 잠이 들려고 할 때 몸에 갑자기 경련이 오는 현상에 대한 설명이 되는 듯합니다. 의식은 잠재의식에게 신체 기능에 대한 통제권을 넘겨주었는데, 어떤 이유로 잠재의식은 즉시 통제하는 일을 떠맡지는 않은 것입니다. 의식은 잠재의식이 통제를 하고 있지 않다는 것을 갑자기 깨닫게 되고, 그래서 앞서 말한 불상사가 일어납니다. 한순간 동안은 의식과 잠재의식 둘 다 신체 기능을 통제하지 않고 있는 것입니다.

그래서 의식은 "주의!"라고 외치게 되고, 모든 근육과 신경과 세포는 이에 응답합니다. 그 결과 근육에 갑자기 경련이 오고, 심장이 빨리 뛰며, 숨이 가빠지는 것입니다. 그러나 대개는 임무 교대가 부드럽게 이루어지며, 감지할 수가 없고, 힘들이지 않고 잠으로 빠져듭니다. 잠재의식이 의식의 "말귀를 알아들으면," 우리는 부지중에 깊은 잠 속으로 빠져들며, 의식과 잠재의식 사이에 책임의 인계인수가 이루어지는 것을 감지하지 못합니다.

의식이 몸의 통제권을 잠재의식에게 넘겨주는 순간에 또 하나의 현상이 일어납니다. 의식이 임무를 벗고 휴식을 취할 때는 완전히 휴식을 취합니다. 사실 의식은 자신을 완전히 비웁니다. 그래서 그때 의식 가운데 있던 가장 우세한 생각은 잠재의식에게로 넘겨집니다. 종종, 해결되지 않은 문제가 잠재의식에게로 넘겨집니다(우리는 그것을 걱정이라고 부릅니다).

잠재의식이 그 해결되지 않은 문제를 넘겨받으면 "이 골치 아픈 것을 떠맡기다니!"라는 반응을 나타냅니다. 잠재의식은 자기의 주된 임무가 무엇인지를 잘 알고 있습니다. 그것은 우리 신체의 육적 및 정신적 영역이 최고의 에너지와 유용성을 갖도록 회복시키는 일입니다. 이를 위해 분당 보통 72회 뛰던 맥박을 60회 이하로 줄입니다. 그리하여 모든 세포, 근육 및 신경의 능률을 최고로 높여 줍니다. 모든 것이 잘 진행되면, 다음날 아침에 눈을 뜰 때는 에너지로 잘 충전되어 있어 잠자리에 더 이상 머무를 수가 없습니다.

우리는 벌떡 일어나서 활동을 개시함으로 그 에너지를 방출하지 않을 수가 없는 것입니다.

의식이 해결되지 않은 문제를 잠재의식에게 넘겨주면, 그 밤에는 잠을 제대로 이루지 못할 것입니다. 원치 않는 문제에 잠재의식이 집중하려면 에너지가 필요합니다. 이 에너지는 혈액 속의 당으로부터 발생시켜야 합니다. 에너지가 많이 필요하게 되니까 혈액 순환이 더 빨라져야 하고, 이를 위해 분당 맥박 수는 증가해야 하는 것입니다.

해결되지 않은 문제라는 걱정거리를 안고 잠을 자려고 할 때는 이와 같은 일이 일어납니다. 편안한 안식을 취하는 대신, 당신은 뒤척이게 됩니다. 잠재의식은 문제와 씨름하는 데 지쳐 그것을 의식에게 되돌려 주고자 하는 것 같습니다. 그래서 그 문제가 의식과 잠재의식 사이를 왔다 갔다 하여 당신은 밤에 몇 번씩이나 잠을 깨는 것입니다. 한밤중에 잠을 깨다 보면, 잠자리에 들 때는 견딜 만하던 문제가 아침에는 견딜 수 없게 될 수도 있습니다.

최상의 판단력을 갖지 못한 잠재의식은 사실을 왜곡합니다. 그래서 당신이 눈을 뜰 때는 사실이 왜곡되고, 잠자리에 들 때보다 문제가 더 악화된 것처럼 보입니다. 의심할 바 없이, 당신은 에너지 충전을 받지 못했으며, 가뿐하게 일어나 에너지를 방출할 수 있는 상태에 있지도 못합니다. 밤새도록 의식과 잠재의식 사이에는 줄다리기가 있었던 것입니다다. 그래서 잠자리에 들 때보다 아침에 눈을 뜰 때가 더 기운이 없습니다.

이 모든 것은 잠재의식을 잘못 사용한 데 기인합니다. 그러나 자고 있는 동안 잠재의식을 올바르게 사용하는 방법도 있습니다.

밤낮으로 하는 묵상

언어학도들은 잠자리에 들기 직전에 새 단어 열 개를 주의 깊게 살펴본 후 잠이 들면, 잠재의식이 그 단어들에 작용한다는 것을 발견했습니다. 더 이상 노력하지 않아도, 그 다음날 아침에는 열 개 중에서 여섯 개 정도는 알 수 있을 것입니다. 이처럼 잠재의식은 때때로 실제적으로 능력을 발휘합니다.

나는 처음에는 깨닫지 못했지만, 군함에서 오래 생활하다 보니 아침 식사 시간에 화제가 되는 것은 언제나 거의 비슷하다는 것을 알았습니다. 대개 승무원들이 그 전날 저녁에 관람한 영화의 줄거리가 대화의 주제가 되었습니다. 왜 그것이 그들의 마음속에서 그렇게 두드러집니까? 그것은 영화를 관람한 사람들은 영화의 줄거리를 파악하고 대개 방에 돌아와서도 그 줄거리에 대해 생각하며, 이것이 그들이 잠이 들 때 잠재의식으로 넘겨지기 때문입니다. 아마도 그때까지 깨닫지 못했던 새로운 면도 깨닫게 될 것입니다. 다음 날 아침 눈을 뜰 때, 그들은 영화를 볼 때는 알지 못했던 새로운 면들이 그 영화에 있었다는 것을 깨닫습니다. 그래서 그것들이 아침 식사 때 대화의 주제가 되는 것입니다. 잠재의식은 줄거리를 더 깊이 파악하여 그것을 의식에게 다시 넘겨주는 것입니다.

잠재의식이 영화 줄거리나 해결되지 않은 문제로 채워지는 것은 하나님께서 원하시는 바가 아닙니다. 그래서 하나님께서는 이와 관련한 명확한 명령을 주신 것입니다(여호수아 1:8, 시편 1:3). 우리는 주야로 하나님의 말씀을 묵상하도록 명령을 받았습니다. 이를 위해서는 잠재의식을 이용해야 합니다. 우리는 하루를 마무리할 무렵 의식 속의 지배적인 생각은 하나님의 말씀이 되도록 해야 합니다.

네비게이토 선교회의 창시자요 초대 회장이며, 나의 친구요 친밀한 동역자였던 도슨 트로트맨은 이 원리를 통달한 사람이었습니다. 도슨의 생애와 사역을 기술한 책에서 베티 스키너는 다음과 같이 적고 있습니다.

> 도슨은 있는 그대로의 말씀을 사랑했기 때문에 그는 부지중에, 후에 심리학자들이 마음에 중요한 영향을 주는 것으로 강조한, 묵상의 한 원리를 응용하고 있었습니다. 그 원리는 잠들기

직전의 의식의 우세한 생각이 불가피하게 수면 중에 잠재의식을 맴돈다는 이론에 따라 잠재의식을 목적이 있게 사용하는 것입니다. 여행 중에 있든 집에 있든, 도슨은 밤에 모든 대화가 끝나고 불을 끄고 나면, "하나님의 말씀을 마지막 말로!"라고 말하고는 이미 외운 성경 구절 하나를 소리 내어 외는 것을 습관으로 하고 있었습니다. 도슨과 그의 아내 라일라는 주님께 고정된 생각으로 하루를 끝내기 위해 이 습관을 오랫동안 지니고 있었습니다.

우리 마음으로 들어가는 밤 열쇠를 하나님께서 사용하시도록 해드려야 한다고 주장한 사람도 있었습니다. 이 밤 열쇠는 하나님의 말씀입니다. 솔로몬은 "그것이 너의 다닐 때에 너를 인도하며, 너의 잘 때에 너를 보호하며, 너의 깰 때에 너로 더불어 말하리니"(잠언 6:22)라고 말했습니다. 이 말씀은 의식의 묵상, 잠재의식의 묵상 및 우리 매일의 삶 사이의 상호 관계를 잘 요약하고 있습니다.

오늘 아침에 당신이 깨어났을 때 처음으로 한 생각은 아마도 어젯밤 당신이 깨어 있는 마지막 순간에 한 의식적인 생각이었을 것입니다. 의식과 잠재의식 사이에는 폐쇄회로가 형성되어 있습니다. 의식은 잠재의식에게 생각을 넘겨줌니다. 의식이 다시 임무 수행에 들어가면 잠재의식은 그 생각을 의식에게 도로 넘겨줍니다. 당신이 깨어 있을 때의 마지막 생각이 하나님의 말씀에서 나온 것이라면 밤에 깨어나면 그것이 곧바로 당신에게 말할 것입니다. 이것이 바로 앞의 잠언 말씀이 의미하는 바입니다. 더 나아가 아침에 눈을 뜰 때 그것이 가장 우세한 생각으로 당신의 마음을 차지하게 될 것입니다.

하나님께서는 앞으로 24시간 동안 우리가 직면할 큰 도전들에 대비하여 우리를 견고히 하시기 위해 성경을 사용하실 수 있습니다. 우리가 하나님께서 성경을 통해 우리에게 주시는 생각들을 깨닫고 또한 그것들을 전날 밤에 잠재의식이 묵상하게 한다면, 우리는 그 다음날을 시작할 준비가 되어 있는 것이며, 우리는 승리하는 하루를 위한 대비가 된 셈입니다.

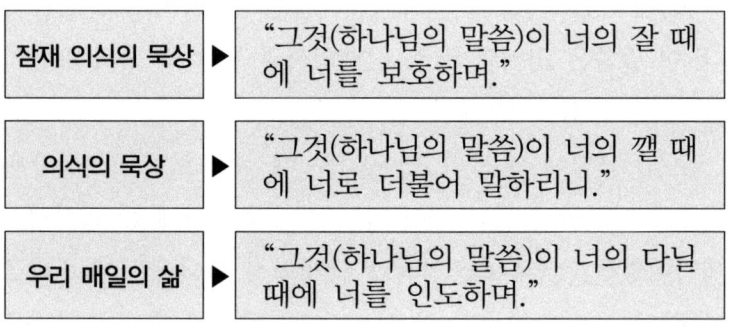

이것이 잠언에서 한 "그것이 너의 다닐 때에 너를 인도하며"(잠언 6:22)라는 말씀의 의미입니다. 밤 동안 하나님께서 우리를 견고케 하시기 위해 사용하신 그분의 생각이나 약속 또는 명령은 하루 동안 우리 마음속의 가장 두드러지는 생각이 되어, 필요할 때 우리를 도와줄 것입니다.

이 율법 책을
네 입에서
떠나지 말게 하며
주야로
그것을 묵상하여
그 가운데 기록한 대로
다 지켜 행하라.
그리하면
네 길이 평탄하게 될 것이라.
네가 형통하리라.
여호수아 1:8

3
묵상을 시작하는 법

많은 그리스도인들이 하나님과 단둘이 보내는 시간 즉 경건의 시간을 가지고 있습니다. 이 경건의 시간의 한 부분은 하나님의 말씀을 읽는 데 사용되어야 합니다. 이를 통해 하나님께서는 그리스도인들에게 말씀하시기 때문입니다.

계획의 필요성

우리가 되는 대로 성경을 펼쳐 읽는다 해도 하나님께서는 우리에게 말씀하실 수 있습니다. 그러나 성경의 어디를 경건의 시간에 읽을 것인지 주의 깊게 결정하는 것이 좋습니다.

나는 한때 성경을 되는 대로 펴서 읽은 적이 있습니다. 그런데 어찌된 일인지 성경을 펴보면 시편 34편인 경우가 많았습니다. 그 결과 나는 시편 34편을 거듭거듭 읽게 되었습니다. 그러던 어느 날 "왜 하나님께서는 나를 늘 시편 34편으로 이끄실까?"라는 생각이 들었습니다. 내 성경을 자세히 살펴본 나는 성경책을 묶은 실의 일부가 끊어져 있는 것을 발견했습니다. 성경을 펼 때 나를 늘 시편 34편으로 인도한 것은 책의 등 부분에 생긴 주름이었지 하나님은 아니셨던 것입니다.

성경을 임의로 펼쳐 하나님의 인도를 받으려고 했던 어떤 사람에 대한 우스운 이야기가 있습니다. 그는 성경을 펼쳐 제일 먼저 눈에 들어오는 구절을 손가락으로 짚었습니다. 그 구절은 "스스로 목매어 죽은지라"(마태복음 27:5)라고 되어 있었습니다.

이 말씀은 하나님께서 그날을 위해 자기에게 주신 말씀이 아니라고 생각한 그는 성경의 다른 부분을 임의로 펴고 눈을 감고는 손가락으로 짚었습니다. "가서 너도 이와 같이 하라"(누가복음 10:37)는 구절이었습니다.

그는 성경을 덮고 다시 한 번 시도했습니다. 이번에는 "네 하는 일을 속히 하라"(요한복음 13:27)라는 말씀이 나왔습니다. 그는 하는 수 없이 성경으로부터 하나님의 인도를 받는 다른 방법을 생각해 내지 않을 수가 없었습니다.

이 이야기는 경건의 시간에 성경을 읽기 위한 체계적인 계획이 있어야 한다는 점을 일깨워 줍니다. 우리는 성경의 읽을 부분을 미리 계획해 두어야 합니다.

그림 2

위 그림은 24시간으로 된 하루가 낮과 밤의 두 부분으로 나누어진다는 것을 보여 줍니다. 우리는 모두 똑같은 양의 시간을 가지고 있습니다. 이 그림은 또한 우리 삶이 두 부분, 즉 우리가 깨어 있는 시간인 낮과 잠을 자는 밤으로 이루어진다는 것도 보여 줍니다.

당신이 저녁 10시 30분에 잠자리에 들고 아침 6시에 일어난다고 하면, 검은 부분은 잠자는 시간 즉 밤을 나타내며

하얀 부분은 깨어 있는 시간 즉 낮을 나타냅니다. 주야로 묵상한다는 말은 24시간 내내 묵상하는 것을 의미합니다. 이를 위해선 계획이 필요합니다.

실행할 수 있는 하나의 계획

나는 여러 가지 방법으로 성경을 읽어 왔는데, 주로 사용해 왔던 방법은 시편을 사용하는 방법입니다. 시편은 150편까지 있으므로 매일 다섯 편씩 읽으면, 다시 말해 30편마다 한 편씩을 읽으면, 한 달에 시편 전체를 읽을 수 있습니다. (하지만 119편이 들어 있는 날은 직장에 지각을 할지도 모릅니다!)

예를 들어 오늘이 7일이라고 칩시다. 그러면 내가 내일 읽을 부분은 시편 8, 38, 68, 98, 그리고 128편이 됩니다(30편마다 한 편). 매월 9일에 읽을 부분은 시편 9, 39, 69, 99, 그리고 129편입니다. 이런 식으로 한 달 내내 읽는 것입니다. 내일 어디를 읽어야 할지에 대해 생각할 필요가 없습니다. 단지 내일이 며칠인지만 알면 됩니다.

경건의 시간을 아침에 일어나자마자 시작하지 말고 그 전날 잠자리에 들기 약 5분 전에 시작하십시오. 시편을 읽어 나가면서, 생각이나 명령, 경고, 권면, 또는 찬양 거리를 주시도록 하나님께 구하십시오. 당신이 읽는 구절들을 통해 당신에게 말씀해 주시도록 기도하십시오.

다섯 편의 시편을 다 읽지 않아서 하나님께서는 당신의 마음에 특별한 어떤 것을 심어 주실 것입니다. 잠들기 전에 읽을 때, 다섯 편 모두를 읽을 필요는 없습니다. 단지 하나님께서 당신이 읽는 구절을 통해 특별히 말씀해 주실 때까지만 읽으십시오.

어느 달 7일 밤에 나는 시편 8편을 읽었는데, 하나님께서 그것을 통해 특별히 말씀해 주시는 것이 없었습니다. 이어서 시편 38편을 읽었으나 역시 하나님께서 내게 말씀해 주시는 어떤 것을 찾지 못했습니다. 다음에 시편 68편을 읽었습니다. 그 시편에서 나는 "날마다 우리 짐을 지시는 주…"(19절)라는 말씀을 읽었습니다.

나는 그때까지 대엿새 동안 마음에 짐 하나를 지고 다녔는데, 그것을 깨닫지 못하고 있었습니다. 이 구절을 읽었을 때, '나를 위한 말씀이야! 나는 짐 하나를 지고 다녔구나' 하는 생각이 들었습니다. 하나님께서는 나의 짐을 벗기고 그분의 은혜를 실어 주시기를 원하신다고 말씀하셨습니다. 그 생각으로 인해 나는 단잠을 잘 수 있었으며, 자다가 깰 때마다 내 마음을 사로잡고 있는 이 생각으로 말미암아 큰 기쁨을 느꼈습니다. 또한 그 다음날은 이전의 1주간보다 영적으로 정신적으로 더 높은 수준을 유지할 수 있었습니다. 이는 그 생각이 나를 붙들어 주었고 하루 종일 내 마음속을 떠나지 않았기 때문입니다. 이 말씀이야말로 바로 내가 필요로 한 것이었습니다.

시편 46편에서 또 다른 예를 취할 수 있습니다. 이 시편을 읽기 시작하자마자 당신은 다음과 같은 구절을 대합니다. "하나님은 우리의 피난처시요 힘이시니, 환난 중에 만날 큰 도움이시라"(1절). 즉시 당신은 이런 반응을 보입니다. '신나는 말씀이다! 이 말씀을 믿어야지. 앞으로 24시간 동안 모든 상황 가운데서 나는 이 도움과 이 피난처, 그리고 하나님의 이 힘을 활용해야지. 모든 상황에서 나는 하나님의 임재와 힘이 필요하기 때문이야.'

그렇게 되면 성경을 덮으십시오. 이 시편의 나머지 부분이나 76편, 106편 및 136편을 읽어 나갈 필요는 없습니다. 다른 생각이 당신의 마음을 지배하지 못하게 하십시오. 그리고 시편 46:1을 묵상하면서 잠을 청하십시오. 당신은 필경 단잠을 잘 수 있을 것입니다. 그러나 자다가 깨어나면 "여호와여, 내가 밤에 주의 이름을 기억하고…"(시편 119:55)라고 한 시편 기자의 본을 따라 의도적으로 시편 46:1을 상기하십시오.

이러한 방법은 "그것(하나님의 말씀)이 너의 잘 때에 너를 보호하며"(잠언 6:22)라는 잠언 말씀을 지속적으로 적용하는 것이 됩니다. 밤에 깰 때마다 당신의 마음과 생각을 취침 직전에 하나님께서 주신 그 생각으로 향하게 하며,

아침에 깨어나서 맨 처음 하는 생각이 그 생각이 되게 자신을 훈련한다면 그 말씀 내지 그 생각이 당신의 삶의 일부가 될 것입니다.

어느 유명한 기독교 지도자는 이 원리를 약간 다르게 응용하고 있습니다. 그는 잠자리에 들기 전에 아내와 대화를 나눌 때 아내에게 성경 말씀만을 인용하도록 부탁합니다. 이를 통해 깨어 있는 시간의 마지막 생각은 하나님의 말씀에 관한 것이 되도록 하는 것입니다.

앞에서 이야기했듯이, 당신의 마음으로 들어가는 밤 열쇠를 하나님께 드리는 것은 아주 좋은 습관입니다. 이것은 그 밤을 위해 하나님의 말씀을 당신의 생각 속에 넣고 자물쇠를 채우는 것을 의미합니다. 그렇게 되면 모든 다른 생각들은 밖에 머무르게 되고, 당신의 잠재의식은 하나님의 말씀에 대해 생각할 수밖에 없습니다.

주의를 드리고 싶은 말씀이 있습니다. 어떤 부인에게 잠재의식에 하나님의 말씀을 집어넣는 이 방법을 설명했더니, 그 다음날 그는 나의 제안을 시도한 후 잠을 설쳤다고 했습니다. 그는 그 방법이 효과가 있을지에 대해 염려를 하여 그 염려가 그의 잠재의식을 미리 점거해 있었던 것입니다. 우리는 묵상에 대한 묵상을 할 것이 아니라 하나님의 말씀을 묵상해야 합니다.

'오늘 저녁'에 당장 시도해 보는 것이 어떻겠습니까? 그렇게 한다면 당신은 그리스도인의 삶에서 새로운 발걸음을 내딛게 될 것입니다. 당신은 어떻게 주야로 하나님의 말씀을 묵상하라는 그분의 명령을 이행하여 당신의 영혼의 뿌리의 첫 번째 부분인 지성을 하나님의 자원에 박을 수 있는지를 깨달아 가게 될 것입니다. 이를 통해 그리스도로부터 영적인 영양을 섭취하여 당신은 다음날의 영적 전투에서 승리할 수 있도록 준비될 것입니다.

성경의 어떤 부분을 읽든, 하나님께서는 그 이후 24시간을 위한 당신의 가장 큰 필요를 채울 메시지를 들려주실 수 있습니다. 당신이 깨어 있을 때 마지막으로 한 생각은 하나님의 말씀으로부터 나온 어떤 것입니다. 이러한 과정을 시작한 후에 밤에 잠을 깨면, 그때 사탄은 결사적으로 당신과 싸우고자 할 것입니다. 사탄은 당신의 머리맡에 앉아 있다가 당신이 잠을 깨면 당신에게 엉뚱한 생각을 심고자 할 것입니다. 그때 당신의 반응은 "잠깐! 그건 내가 하나님의 말씀에서 읽은 생각이 아니야"가 되어야 합니다. 그리고 나서는 어젯밤 잠들기 전에 말씀으로부터 받았던 생각을 상기하고, 다시 잠을 청해야 합니다.

어쨌든 언제나 하나님의 말씀을 생각하면서 잠을 청하십시오. 당신의 잠재의식이 그것을 넘겨받을 때 당신은 묵상으로 들어가게 되는 것입니다.

아침 경건의 시간

당신이 저녁 10시 30분에 잠자리에 들고 아침 6시에 일어난다고 가정합시다. 앞에서 제안한 것들을 받아들였다면, 당신은 밤과 낮으로 묵상하라는 성경의 권면의 한 부분은 이행하고 있는 셈입니다. 그런데 아침 6시부터 저녁 10시 30분까지는 어떻게 합니까? (53쪽에 있는 그림 참조.) 당신은 그 시간 동안에도 묵상을 합니까? 성경은 이 질문에 대한 바람직한 대답을 명확하게 보여 줍니다. "내가 주의 법을 어찌 그리 사랑하는지요? 내가 그것을 **종일** 묵상하나이다"(시편 119:97). 단지 어떻게 그렇게 하느냐만 남아 있습니다.

잠언 말씀을 다시 한 번 살펴봅시다. "그것이… 너의 깰 때에 너로 더불어 말하리니"(잠언 6:22). 무엇이 당신과 더불어 말합니까? 바로 전날 잠들기 전에 당신의 마음에 심은 하나님의 말씀, 밤새도록 당신의 잠재의식이 묵상한 하나님의 말씀이 당신과 더불어 말하는 것입니다.

그러면 아침에는 무엇을 합니까? 정기적인 읽기 계획대로 진행해 나가십시오. 그리하여 그 날짜에 해당하는 다섯 편의 시편을 읽기 시작하십시오. 그러나 새로운 내용을 구하는 대신 하나님께서 이미 보여 주신 것에 대해 깨달음을 더해 주거나 중요성을 더해 주는 유사한 구절이나 내용들을 찾도록 하십시오.

예를 들어 전날 밤에 주신 생각이 "주는 나의 반석과 산성이시니"라는 시편 31:3 말씀에 근거한 것이라고 합시다. 당신은 아침 경건의 시간에 시편 61편을 읽다가 "주는 나의 피난처시요, 원수를 피하는 견고한 망대심이니이다"(3절)라는 말씀을 읽으며, 더 나아가 시편 91편을 읽어 나가다가 "내가 여호와를 가리켜 말하기를, '저는 나의 피난처요 나의 요새요 나의 의뢰하는 하나님이라' 하리니"(2절)라는 말씀을 대합니다. 이 구절들은 전날 밤에 주신 생각과 유사한 내용을 담고 있습니다. 이 구절들이 합쳐져서 하나님께서 하루 종일 당신의 피난처요 요새가 되실 것이라는 약속을 더 실감나게 합니다. 그날 아침에 읽은 이 구절들은 전날 밤에 주장한 약속을 확대시키며 강화시키는 것입니다.

이와 같은 일을 경험해 보셨습니까? 몰랐던 어떤 찬송가나 유행가를 들었는데 어쩐 일인지 그 곡조가 당신을 사로잡아 떨쳐 버릴 수가 없었던 적이 없습니까? "누가 안장에 풀을 발라 놓았네"라는 노래를 처음 들었던 때가 기억납니다. 그 노래는 가사가 재미있을 뿐 아니라 곡조도 특이했습니다. 그 다음날 아침에 일주일간의 휴가를 떠나기로 되어 있었던 나는 휴가 중에 몇 가지 일에 대해 진지하게 생각하면서 계획을 세울 작정이었습니다. 그러나 일주일 내내 건설적인 것이라곤 아무것도 할 수가 없었습니다. 그 곡조가 나의 잠재의식에서 의식으로 계속 재생되었기 때문이었습니다. 진지한 생각을 해볼라 치면 언제나 내 몸은 "누가 안장에 풀을 발라 놓았네"라는 노래를 담은 녹음테이프를 돌리기 시작하는 것 같았습니다. 한 주간을 망치고 말았습니다.

낮 동안의 묵상

우리의 몸에는 의식에 붙잡힌 생각을 잠재의식으로 넘어가게 하는 어떤 것이 있는 것 같습니다. 이렇게 잠재의식에 넘겨진 생각은 마치 녹음테이프에 녹음이 된 것 같아서, 어떤 부분이라도 재생할 수가 있습니다.

당신이 잠재의식 속에 하나님의 말씀을 심어 두면 이러한 일이 일어나게 되어 있습니다. 모든 것이 정상인 경우 그것은 녹음되며, 일정한 간격을 두고 의식 속으로 재생될 것입니다. 밤에 자다가 깨어나면 그것은 우리에게 말합니다. 그 다음날 아침 잠자리에서 일어날 때 성령께서는 그것을 우리 의식 속에 재생하십니다. 전날 밤에 하나님께서 주신 말씀은 다음날 하루 종일 우리가 주기적으로 묵상할 거리가 됩니다.

하루 종일 주기적으로 묵상하는 것이 그렇게 쉽다는 말은 아닙니다. 낮 시간에 우리 자신은 하고 있는 일에 의해 선점

됩니다. 사탄은 우리 생각을 하나님의 말씀으로부터 떼어 놓으려고 애를 씁니다. 계기 착륙을 하는 비행기를 타고 있다면, 조종사가 조종석에서 묵상을 하려고 애쓰지 않고 오직 계기판에만 집중하고 있어야 승객들은 안심할 것입니다. 말하자면, 우리는 낮 동안에 다른 책임들을 가지고 있는 것입니다. 그러나 우리는 자신이 하고 있는 일에 너무 마음을 빼앗긴 나머지 시간이 있을 때도 하나님의 말씀을 묵상하기를 잊어버릴 수가 있습니다.

성경은 하루 동안 정기적으로 묵상을 하는 데 도움이 되는 좋은 방법 하나를 보여 줍니다. 시편 기자는 "주의 의로운 규례를 인하여 내가 하루 일곱 번씩 주를 찬양하나이다"(시편 119:164)라고 말했습니다. 위대한 선교사인 아도니람 저드슨은 이 구절을 그대로 적용했습니다. 그는 서재에 있는 시계에 낮 시간을 일곱 부분으로 나누어 표시를 했습니다. 표시 사이의 간격은 세 시간 가량이었습니다. 시계를 바라볼 때마다 표시들이 눈에 들어왔으며, 시침이 표시에 가까이 갈 때마다 그는 묵상을 했습니다.

보다 기억하기 쉬운 때를 묵상을 위한 시간으로 삼는 것도 좋습니다. 어느 유명한 그리스도인은 오전 6시, 9시, 정오, 오후 3시, 6시, 9시에 의식적으로 묵상을 위한 구절들을 상기함으로써 주님을 바라보는 시간을 가졌습니다. 또, 사람에 따라서는 아침 식사 전, 오전 휴식 시간, 점심시간,

오후 휴식 시간, 퇴근 시간, 그리고 저녁 식사 후에 묵상을 하기 위한 시간을 갖는 것이 더욱 실제적일지 모릅니다.

그런 시간에만 국한해서 묵상을 하라는 의미는 아닙니다. 낮 동안에 필요를 느낄 때마다 하나님께서 우리에게 말씀해 주신 바를 상기하는 것이 가장 좋습니다. 그리스도로부터 영적 양분이 유입되지 않으면 우리는 영적으로 약해지게 됩니다. 그러나 낮 동안에 하나님의 말씀을 상기하고 그것을 잠깐만이라도 묵상할 때 영적인 영양분은 신선하게 우리에게로 흘러 들어올 것입니다.

내가 알고 있는 버스 운전기사 한 사람은 뉴욕시의 맨해튼 구역에서 운전하고 있는데, 그는 열 번째 거리를 지날 때마다 하나님의 말씀을 묵상했습니다. 그곳의 거리는 아라비아 숫자로 번호가 매겨져 있기 때문에 10번, 20번, 30번 등의 거리를 지날 때 묵상을 하면 되었습니다. 통제된 삶을 살고 있는 한 공군 사관학교 생도에게는 강의실을 옮겨 다닐 때 나는 짬을 이용하여 전날 밤에 하나님께서 주신 말씀을 묵상하도록 제안한 적이 있습니다.

틀림없이 성공할 수 있는 방법을 원한다면 다음 방법을 사용해 보십시오. 나의 경험에 비추어 볼 때 장담할 수 있는 방법입니다. 몇 년 전에 나는 알람 장치가 있는 손목시계를 샀습니다. 아침에 맨 먼저 한 시간 반 후에 알람이 울리도록 맞추어 둡니다. 그때가 7시라고 칩시다. 8:30에 알람이 울

립니다. 알람을 끄고 다시 한 시간 반 후에 울리도록 해두고는 즉시 전날 밤에 하나님께서 주신 구절을 묵상하기 시작합니다. 이런 식으로 계속하는 것입니다.

아직 실행해 보지는 않았으나 장차 시도해 볼 만한 방법을 알아 두는 것도 괜찮습니다. 시편 기자는 "내가 주의 의로운 규례를 인하여 밤중에 일어나 주께 감사하리이다"(시편 119:62)라고 하였습니다. 이런 방법은 아직 시도해 보지 않았지만, 장차 해 볼 예정입니다.

밤 시간 동안에 나타나는 하나님의 말씀의 능력을 처음으로 깨달았던 적이 있는데 그건 내게 큰 축복이었습니다. 그 당시 나는 우리 기관의 재정 책임을 맡고 있었습니다. 그런데 재정 사정이 너무나 어려웠습니다. 나는 그 다음날의 재정상의 문제들을 어떻게 처리해야 할지를 궁리하면서 잠을 못 이루곤 했습니다. 한밤중에 그것에 대해 생각하게 된 원인은 내가 그 문제에 대해 근심하면서 잠자리에 들었다는 데 있었습니다. 당시 나는 에베소서를 암송하고 있었습니다. 그래서 재정에 관한 근심을 떨쳐 버리기 위해 나는 에베소서 1장-3장을 복습하기 시작했습니다. 3장까지 다 복습한 적이 없었습니다. 하나님의 말씀은 근심을 압도했고, 주도권을 잡았으며, 나는 잠을 이룰 수 있었던 것입니다. 실제로 시편 기자는 "여호와께서 그 사랑하시는 자에게는 잠을 주신다"(시편 127:2)는 것을 알았습니다. 한밤중까지

기다리지 말고, 잠자리에 들기 전에 하나님의 말씀으로 내 잠재의식을 채웠더라면, 잠 못 이루는 시간을 훨씬 줄일 수 있었을 것이라고 생각됩니다.

하나님께서는 헌신된 그리스도인들이 밤 시간 동안 하나님의 말씀을 묵상하기 위해 잠재의식을 사용하도록 의도하셨습니다. 묵상이 무엇입니까? 우리는 그것을 되새김질하는 동물이 되새김질감을 씹어 영양분을 혈액 속으로 흡수하는 것으로 비유해 왔습니다. 하나님의 말씀을 묵상함으로써 우리는 예수 그리스도로부터 영적 영양분을 우리의 영적 혈액 가운데로 이동시킵니다. 우리가 논하고 있는 묵상의 기술은 상기하는 기술입니다. 단지 하나님께서 말씀하신 것을 상기하고, 되새기고, 묵상하십시오.

왜 묵상하기를 원합니까? 그리스도로부터 영적 양분을 공급받아 열매를 맺기 위해서입니다. 잠언에서 말씀하신 것처럼, 잠잘 때는 말씀이 우리를 보호하고, 깰 때는 그것이 우리로 더불어 말하며, 다닐 때는 그것이 우리를 인도할 것입니다(잠언 6:22).

반드시 오늘 저녁까지 기다렸다가 시작할 필요는 없을 것입니다. 지금 즉시 성경을 펴십시오. 내일 경건의 시간에 읽기로 되어 있는 부분을 읽기 시작하십시오. 아마도 하나님께서는 당신이 묵상해야 할 내용, 명령 또는 도전을 지금

묵상을 시작하는 법

곧바로 주실 것입니다. 그러고 나서 오늘 저녁 잠자리에 들기 전에 맨 마지막으로 해야 할 일로서, 앞서 하나님께서 주신 생각을 다시 의식 속에 고정시키도록 하십시오. 이를 위해서는 배우자나 룸메이트의 협력이 필요하겠지만, 그런 협력을 받아 내기는 쉬울 것입니다. 하나님의 말씀이 하루의 마지막 말이 되게 하며 잠자리에 들기 전의 마지막 5분가량은 하나님의 말씀을 의식 속에 고정시키는 데 사용하여 그것이 잠재의식으로 넘어가게 하자고 배우자나 룸메이트와 합의하십시오.

내일 아침 경건의 시간에는 그 생각을 다른 것으로 보강하십시오. 그리하여 내일 하루 종일 영적 영양이 필요할 때마다 그 말씀을 상기하여 묵상함으로써, 자신을 영적으로 강화시키거나 다른 사람과 나누기 위해 영적 영양을 공급받도록 하십시오. 하나님의 말씀을 밤낮으로 묵상함으로써 우리 영혼의 뿌리의 첫 번째 부분은 하나님의 자원에 뿌리를 내리게 되며, 영적인 영양분을 흡수함으로써 우리는 영적으로 힘 있는 삶을 살게 될 것입니다. 그리스도의 말씀은 우리 각자의 삶에서 살아 움직이게 됩니다. "내가 너희에게 이른 말이 영이요 생명이라"(요한복음 6:63).

53쪽에 있는 그림 2는 묵상의 과정을 요약합니다. 잠자리에 들기 직전에 시작하여 하나님의 말씀을 묵상합니다. 밤 시간 동안에는 잠재의식이 그 말씀을 우리 생명 속에 불어넣습니다. 밤에 잠을 깨면 그것은 우리에게 말하며, 아침에 기상할 때 그것은 다시 우리에게 말하며, 하루 종일 다닐 때 그 말씀은 우리를 인도합니다.

하나님의 말씀을 주야로 묵상하는 것은 가능할 뿐 아니라, 우리에게 큰 기쁨이 됩니다. 그러한 삶을 살 때, 우리는 시편 기자와 같이 "나의 묵상을 가상히 여기시기를 바라나니 나는 여호와로 인하여 즐거워하리로다"(시편 104:34)라고 말할 수 있을 것입니다.

사람이
그 친구와
이야기함같이
여호와께서는
모세와 대면하여
말씀하시며
모세는
진으로 돌아오나
그 수종자 눈의 아들
청년 여호수아는
회막을
떠나지 아니하니라.
출애굽기 33:11

4
감정과 친교

그리스도로부터 영적 영양을 섭취함에 있어서, 묵상은 감정을 교류하는 친교로 들어가는 문을 엽니다. 예수님께서는 "나는 포도나무요 너희는 가지니 저가 내 안에, 내가 저 안에 있으면 이 사람은 과실을 많이 맺나니"(요한복음 15:5)라고 말씀하셨습니다. 영혼의 뿌리를 통해 우리는 하나님과 접촉하며, 하나님께서는 이를 통해 영양을 공급해 주십니다. 그 영혼의 뿌리는 지성, 감정 그리고 의지로 이루어져 있습니다.

삶은 아는 것과 느끼는 것과 선택하는 것으로 구성되어 있으며, 이는 우리의 지성과 감정과 의지를 사용하는 데 따른 것입니다. 이제까지 지성을 통해 묵상을 하는 것에 대해 자세히 살펴보았습니다. 이제 우리는 감정을 사용하여 친교를 나누는 데로 눈을 돌려 보고자 합니다.

친교란 무엇인가

하나님께서는 모세에게 "내가 너와 만나리라"(출애굽기 25:22 참조)고 말씀하셨습니다. 흠정역에 보면 이 말씀은 "내가 너와 감정을 나누는 친교를 가지리라"는 의미를 가지고 있음을 알 수 있습니다. 얼마나 놀라운 말씀입니까! 영원하시고, 변치 않으시고, 전지하신 하나님이요, 창조주요, 우주 만물을 붙들고 계시는 분이요, 위엄과 권세로 옷 입으신 분께서 보잘것없는 존재인 우리 인간과 친교를 갖기 원하시는 것입니다. 수세기 후 그분께서는 선지자 예레미야에게 "담대히 내게 접근할 자가 누구뇨?"(예레미야 30:21)라고 말씀하셨습니다. 이 말씀은 "감히 내게 나아와 자기 모든 감정과 마음을 나누는 친교를 나와 나눌 자가 누구냐?"라는 의미입니다.

우리는 지금 영혼의 뿌리의 두 번째 부분 즉 하나님과의 친교에서 감정을 사용하는 것에 대해 다루고 있습니다. 하나님과 사람 사이의 친교는 하나님의 아이디어입니다. 그분은 에덴동산에서 아담과의 일상적인 친교를 시작하셨으며, 아담이 범죄한 후에도 그러한 교제를 나누고자 하셨습니다(창세기 3:8-9 참조). 그리고 하나님께서는 모세에게 "내가 너와 만나리라"(출애굽기 25:22 참조)고 하실 때 그분의 마음에 열망하는 바를 나타내셨습니다.

  내 아내는 많은 자매들을 영적으로 돕고 있는데, 그들과의 전화 통화에 많은 시간을 들이고 있습니다. 전화를 하고 있는 아내를 유심히 바라보면 대화를 즐기고 있는지를 알 수 있습니다. 수화기에서 흘러나오는 상대방의 이야기를 들으면서 이따금씩 "아, 그래요"라는 말만 되풀이하거나, 구매 목록을 작성하는 등 다른 일을 하면서 전화를 받고 있으면, 나는 아내가 진정한 친교를 나누지 않고 있다는 것을 압니다. 그러나 아내가 아주 가까운 친구와 통화를 할 때는 주의를 집중해서 듣습니다. 아내는 활기가 있고 열정적으로 말을 합니다. 상대방이 자기의 삶이나 문제에 대해 이야기하는 것이 아내에게 큰 흥밋거리입니다. 또 아내가 이야기하는 것을 상대방이 귀 기울여 듣기 때문에 이때는 상호간에 진정한 친교가 이루어집니다. 종종 너무나 열정적으로 통화를 해서, 수화기로부터 누가 나타나거나 아내가 송화기 속으로 사라질 것 같은 느낌이 들 때가 있습니다. 상호간에 의사소통이 이루어진 것입니다. 이 예에서 볼 수 있듯이, 친교란 의사소통을 하는 두 사람이 서로 영향을 주며 자신의 삶 자체를 상대방의 삶에 결합시키는 것입니다. 그것은 최고 수준의 교제입니다. 또한 양측에 다 즐거운 결과를 낳습니다.

하나님과 선지자 예레미야의 대화에서 친교에 대해 잘 묘사되고 있습니다. 하나님께서는 일정한 조건(예레미야 30:21)을 충족시키는 사람은 그 영혼이 물 댄 동산 같게 될 것이라고 약속하셨습니다(31:12). 그 조건이란 질문의 형태로 묘사되어 있습니다. "담대히 내게 접근할 자가 누구뇨?"(30:21). 즉 담대히 마음을 열고 하나님과 감정까지 교류하는 친교를 나누어야 한다는 의미입니다. 친교란 우리 마음과 하나님의 마음을 연결시키는 것이라고 볼 수 있습니다. 그러한 친교를 나누면 우리 영혼에는 물이 공급됩니다(31:12). 우리가 영혼의 뿌리의 첫 번째 부분인 지성을 사용하여 묵상을 할 때 우리 영혼에 물이 공급됩니다. 이제 우리는 그리스도와의 친밀한 교제 가운데서 그분과 감정과 마음을 나눌 때도 우리 영혼에 물이 공급된다는 것을 깨닫습니다.

친교는 2차선으로 된 의사소통이요, 상대방의 말을 주의 깊게 듣고 그와 삶을 나눌 때 이루어지는 상호간의 감정 교류입니다. 이것이 하나님께서 모세에게 "내가 너와 감정을 나누는 친교를 가지리라"고 말씀하실 때 원하셨던 것입니다. 그 친교는 하나님의 아이디어요, 모세의 열망이 아니라 하나님의 열망이었습니다.

친교를 위한 양식

하나님께서는 사람들이 그분과 친교를 나누기 위해 따라야 할 양식을 모세에게 보여 주셨습니다. 이 양식을 신약성경에서는 다음과 같이 설명하고 있습니다. "그리스도께서는 참것의 그림자인 손으로 만든 성소에 들어가지 아니하시고, 오직 참하늘에 들어가사 이제 우리를 위하여 하나님 앞에 나타나시고"(히브리서 9:24). 하나님께서 광야에서 모세에게 보여 주신 양식은, 하나님께서 구약 시대의 성막에 계실 때 하나님과 그분의 백성 사이의 친교의 수단이었습니다. 신약성경에서는, 그리스도께서 하늘에 계신다는 것을 히브리서를 통해 알 수 있습니다. 그리스도와의 친교를 위한 양식은 구약에서 하나님께서 모세에게 주신 양식과 똑같습니다.

하나님께서 구약에서 사람들에게 보여 주신 양식으로부터 우리는 그리스도와의 친교를 위한 지침을 얻고자 합니다. 광야의 성막과 나중에 만들어진 성전의 구조는 똑같습니다. 이 구조는 그리스도인이 하늘에 계신 예수 그리스도와 친교를 갖는 방법을 예시합니다. 이 구조를 토대로 하여 다음 장에서 하나님과의 친교에 수반되는 12단계에 대해 논의하겠습니다. 그렇다고 하나님과 친교를 나누는 기계적이고 틀에 박힌 어떤 방식이 있다는 말은 아닙니다. 우리가 이 12단계를 개략적으로 살펴보고자 하는 것은 단지 그것들이 성막의 구조에 암시되어 있는 것처럼 보이기 때문입니다. 하나님과 친교를 갖기를 원하는 각 사람은 어느 원리가 자기의 특정한 상황에 적용되는지를 결정할 수 있을 것입니다.

다음에 성막의 구조를 나타내는 그림이 있습니다. 성막은 세 부분, 즉 뜰과 성소와 지성소로 구성되어 있었습니다. 50×100규빗(약 22.5m×45m)인 뜰은 세마포 휘장으로 둘러쳤고 동편에 폭이 20규빗(9m)인 문이 있었습니다. 그 문을 들어서자마자 가장 먼저 눈에 띄는 것은 놋쇠로 된 번제단이었습니다. 뜰의 번제단 다음에는 손발을 씻기 위한 물두멍이 있었습니다. 그 다음에는 지붕이 완전히 덮인 10×30규빗(4.5m×13.5m)의 막이 나오는데 그 속에 성소와 지성소가 있었고, 그 동편에는 문이 있었습니다.

10×20규빗(4.5m×9m)인 성소 안에는 세 가지가 자리 잡고 있었습니다. 들어서면서 왼쪽에는 금으로 된 등대가 있었고, 그 등대에는 일곱 개의 잔이 달려 있었습니다. 오른쪽에는 진설병을 위한 상이 있었고, 그 위에는 열두 개의 무교병이 놓여 있었습니다. 정면에는 금으로 된 향단에서 향기가 하늘을 향해 올라가고 있었습니다. 그 향단 뒤에는 두꺼운 휘장이 쳐져 있었고, 그 뒤에는 오직 대제사장만이 그것도 매년 단 한 번 속죄일에만 들어갈 수 있었습니다.

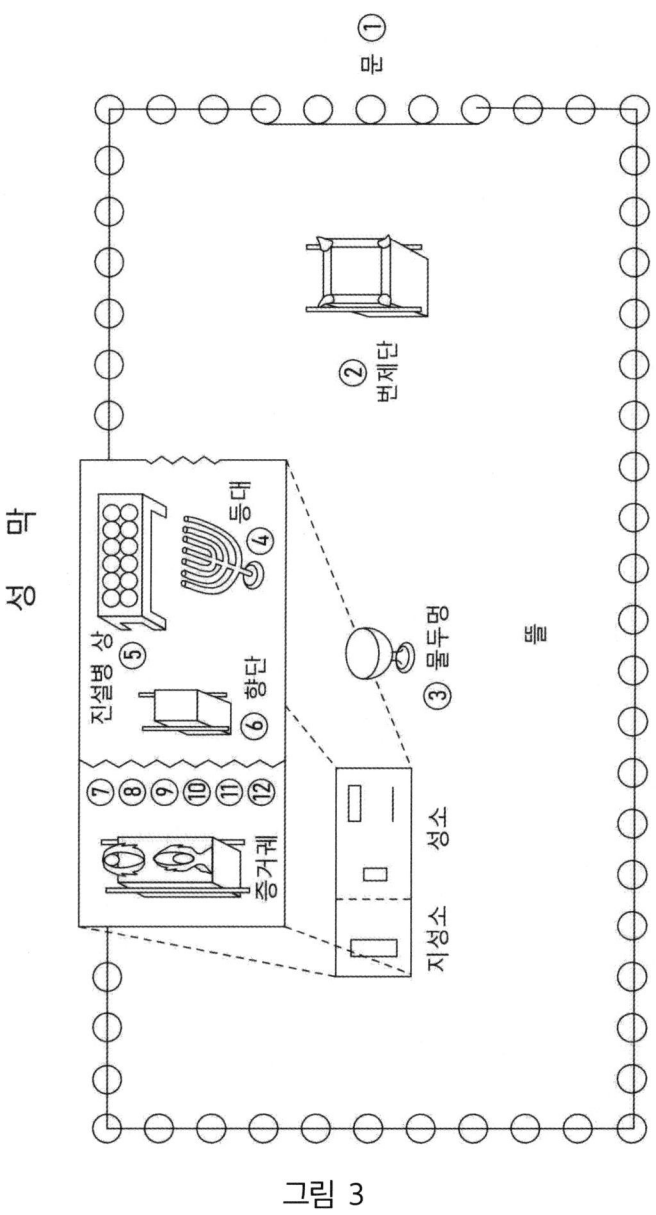

그림 3

그 휘장 뒤에 지성소가 자리 잡고 있었습니다.

10×10규빗(4.5m×4.5m)의 정사각형인 이 마지막 방에는 오직 한 가지 즉 증거궤만 있었는데, 그 속에는 아론의 싹 난 지팡이와 십계명이 적힌 돌판과 만나가 든 항아리가 들어 있었습니다. 이곳에 하나님께서 임재해 계셨습니다. 하나님께서는 친교를 나누시기 위해 모세를 이리로 부르셨습니다.

출애굽기를 보면, 성막이 완성되었을 때 구름이 회막에 덮이고 하나님의 영광이 성막에 충만했던 것을 알 수 있습니다(출애굽기 40:33-34). 하나님께서는 이 성막에 임재하시고 거기서 그분에게 나아오도록 정하신 자와 친교를 나누셨습니다. 그러나 그의 백성들의 불순종으로 말미암아 하나님께서는 후에 "성막 곧 인간에 세우신 장막을 떠나셨습니다"(시편 78:60). 그렇지만 내가 말하고자 하는 바는 하나님께서 성막에 계시고 사람들이 그분과 친교를 나눌 수 있었을 때 거기엔 따라야 할 양식이 있었다는 점입니다.

우리는 오늘날 적용할 수 있는 원리들을 알기 위해 이 양식을 살펴보고자 합니다. 우리는 구약 시대의 대제사장이 발로 걸어 들어갔던, 문밖에서부터 하나님의 존전인 지성소까지의 길을 마음속으로 걸어 들어가 보고자 하는 것입니다.

친교를 위한 준비

하나님께서는 어디에 계십니까? 우리는 그분이 전지하실 뿐만 아니라 무소부재하시다는 것을 믿습니다. 구약 시대에는 그분이 성막 속에서 사람들과 만나기로 하셨지만, 지금은 어디서나 그분과 친교를 나눌 수 있습니다. 다윗은 "여호와께서 그 성전에 계시니 여호와의 보좌는 하늘에 있음이여"(시편 11:4)라고 했습니다. 스데반은 하늘나라에 들어가기 직전 "성령이 충만하여 하늘을 우러러 주목하여 하나님의 영광과 및 예수께서 하나님 우편에 서신 것을 보았습니다"(사도행전 7:55). 또한 하박국은 "오직 여호와는 그 성전에 계시니 온 천하는 그 앞에서 잠잠할지니라"(하박국 2:20)고 외쳤습니다.

하나님의 존전에 무례하게 뛰어 들어가지 마십시오. 하나님의 말씀을 묵상할 때처럼 준비가 필요합니다. 옛날 왕들은 일반적으로 오직 두 사람만이 제한 없이 자기 앞에 나아올 수 있도록 했습니다. 한 사람은 왕위 계승자요 왕자인 아들이었고, 다른 한 사람은 궁중 전속의 어릿광대였습니다. 두 사람이 왕 앞에 나아가는 방법에는 엄청난 차이가 있었습니다. 왕자는 예의바르고 신중했으며 부왕과의 시간을 위해 주의 깊게 준비했습니다. 그가 왕 앞으로 나아가는 것을 보면 아버지의 지위에 대한 배려와 왕에 대한 그의 존경심을 엿볼 수 있었습니다.

어릿광대는 그렇지 않았습니다. 그는 삶에 대한 쾌활한 접근 방식이 몸에 배어 있어서 왕위의 위대함을 자기 태도로 높일 수가 없었습니다. 그는 자기 역할을 잘 해내었습니다. 그는 어릿광대였습니다. 우리는 하나님의 존전에 이처럼 돌진해 들어가서는 안 됩니다.

하나님과 친교를 나누고자 할 때는 먼저 이 세상의 것들에 대해 당신의 마음과 생각을 닫고 하나님께서 보좌에 계시며 거룩한 성전에 계신다는 것을 기억하십시오. 하늘에 있는 보좌에서 하나님께서는 우주 만물을 다스리실 뿐만 아니라, 그분을 경배하는 자, 친교를 나누자는 그분의 초청에 응답하는 자에게 주의를 기울이십니다.

하나님께서는 준비된 마음에 가까이 계십니다. 시편 기자는 "여호와여, 주께서 가까이 계시오니"(시편 119:151)라고 말했습니다. 당신을 창조하신 분이요 당신을 구원하신 분이신 하나님 앞에 무릎을 꿇을 때, 당신은 공간을 초월하여 그분의 보좌 앞 그분의 존전에 나아와 있는 것입니다.

5
하나님과 친교를 갖는 법

어떻게 하나님과의 친교를 시작합니까? 주의 깊게 준비를 하고(4장 참조), 마음속으로 성막 가운데로 죽 통과해 감으로써 시작합니다. 손으로 만든 이 거룩한 장소는 하나님께서 모세에게 가르쳐 주신 양식을 보여 줍니다.

깊이 탐구해 보면 이 양식에서 매우 심오한 의미들을 읽을 수 있습니다. 그런데 하나님께 나아가는 양식은 너무나 간단해서 어떠한 신자들도 그 양식을 활용할 수 있습니다. 성막 안을 통과하며 각 단계를 밟음으로써, 하나님의 양식이 드러내 보여 주는 비밀을 살펴보도록 하겠습니다. 75쪽에 있는 그림 3은 우리의 현재 위치와 다음에 나아가야 할 곳을 알 수 있게 합니다.

단계 1: 감사

그림을 보면 첫 단계는 문밖에서 시작되는 것을 알 수 있습니다. 성경은 예수님께서 "성문 밖에서"(히브리서 13:12) 고난을 받으셨다고 말합니다. 이것은 대제사장이 하나님께 나아가기 전에 반드시 드려야 했던 구약의 제사를 드린 것입니다. 단계 1에서 제안하고 싶은 것은 우리는 문밖에서 우리 마음속으로 하는 여행의 발걸음을 멈추고 예수 그리스도를 보내 주사 예루살렘 성문 밖에서 우리를 위해 죽게 하신 하늘에 계신 우리 아버지께 '감사'를 드려야 한다는 것입니다. 우리가 하나님의 존전에 나아갈 수 있는 특권을 소유하게 된 것은 오직 예수 그리스도께서 우리를 위해 고난을 당하셨기 때문이라는 것을 깨달을 때, 우리는 하나님께 나아가는 일에 대한 올바른 시야를 갖게 됩니다.

단계 2: 시인

구약의 대제사장은 그의 제물을 번제단 위에 두었습니다. 그리스도께서 그 제물이 되셨으며, "예수 그리스도의 몸을 단번에 드리심으로 말미암아 우리가 거룩함을 얻었습니다"(히브리서 10:10). 단계 2는 우리가 하나님께 나아가면서, 우리 자신의 과거의 행위나 앞으로 행할 행위나 현재의 자신의 됨됨이에 기초해서가 아니라 오직 예수 그리스도께서 행하신 일을 기초로 하고 그 일을 힘입어 하나님께 나아간다는 사실을 하나님 앞에서 '시인'하는 것입니다. 구약의 대제사장이 제물을 번제단에 올린 것처럼 우리는 마음속으로 예수 그리스도를 우리의 제물로 바칩니다. 그분은 우리를 위한 제물이 되어 우리가 하나님의 존전으로 나아갈 수 있도록 길을 열어 주셨습니다.

단계 3: 자백

성막 뜰의 번제단 다음에 놓여 있는 것은 물로 가득 채워진 물두멍이었습니다. 이것은 제사장이 제물을 바치는 과정에 더럽혀졌을지도 모르는 자신의 몸을 씻기 위한 것이었습니다. 우리의 마음속으로 하는 여행에서 단계 3은 하나님께서 우리를 정결케 하기 위한 물두멍을 우리에게 주셨다는 것을 상기하는 것입니다. 성경은 "만일 우리가 우리 죄를 자백하면 저는 미쁘시고 의로우사 우리 죄를 사하시며 모든 불의에서 우리를 깨끗케 하실 것이요"(요한일서 1:9)라고 말합니다. 우리는 또한 "자기의 죄를 숨기는 자는 형통치 못하나 죄를 자복하고 버리는 자는 불쌍히 여김을 받으리라"(잠언 28:13)는 말씀에도 주목할 필요가 있습니다. 단계

3에서, 우리는 하나님께 나아가면서, 우리가 바로 지난번에 하나님의 존전에 나아간 이래 범한 죄를 자백하고 우리를 더럽혀 온 마음과 생각 속의 모든 죄를 버리는 것입니다. 모든 죄를 예수님의 보혈로 씻어야 합니다.

단계 4: 빛에 대한 감사

성막의 다음 부분은 성소로 알려져 있는 곳인데, 이곳에는 창이 하나도 없었습니다. 사방과 천장이 모두 가죽으로 싸여 있기 때문에 외부에서 빛이 들어올 수가 없었습니다. 성소에 들어서면 우리는 왼쪽에 잔이 일곱 개 달린 등대가 있는 것을 보게 됩니다. 이것은 오늘날 하나님께 나아가는 사람들에게 많은 것들을 상기시킬 것입니다. 하나는 "나는 세상의 빛이다"(요한복음 8:12)라고 하신 예수님의 말씀입니다. 또 하나는 "너희 중에 누구든지 지혜가 부족하거든 모든 사람에게 후히 주시고 꾸짖지 아니하시는 하나님께 구하라. 그리하면 주시리라"(야고보서 1:5)는 말씀입니다. 우리의 네 번째 단계는 현재와 미래의 문제들에 대처하기 위해 필요한 모든 빛과 지혜를 하나님께로부터 얻을 수 있다는 것에 대해 하나님께 소리 내어 감사하는 것입니다.

단계 5: 힘 주심에 대한 감사

눈을 돌려 성소의 오른쪽을 보면 진설병 상이 눈에 들어옵니다. 그것은 모든 양식은 하나님께서 공급해 주신다는 것을 보여 주기 위해 거기에 놓여 있었습니다. 시편 기자는 양식이 사람의 마음을 힘 있게 한다고 기록했습니다(시편 104:15). 또한 "담대하라. 그러면 하나님께서 네 마음을 강하게 해 주실 것이다"(시편 27:14, 흠정역)라고도 기록되어 있습니다. 다섯 번째 단계는 오늘을 살아가면서 필요로 하게 될 모든 힘을 하나님께서 공급해 주실 것에 대해 그분께 감사드리는 것입니다. 육체적인 힘을 위한 양식을 공급해 주시는 것처럼 우리가 요청하면 하나님께서는 영적인 힘도 공급해 주십니다.

단계 6: 기도

성소에는 또한 대단히 멋진 것이 하나 놓여 있는데, 그것은 곧 금으로 된 향단입니다. 온종일 향단으로부터 나오는 향기는 성소 바깥으로 퍼져 나갔습니다. 이것은 우리가 하나님 앞에 서는 것과 하나님께 나아가 친교를 가지는 것이 하나님께는 향기와 같다는 사실을 상징합니다. 요한은 성도들의 기도가 하나님께 향과 같다고 했습니다(요한계시록

5:8, 8:4). 구속받은 죄인들이 기도로 하나님을 기쁘시게 해 드릴 수 있다는 것은 얼마나 놀라운 특권인지 모릅니다. 여섯 번째 단계는 하나님께 나아가면서, 우리가 그분 앞에 나아가고 기도함으로써 그분의 마음을 즐겁게 해 드릴 수 있는 특권을 주신 데 대해 감사드린다고 하나님께 말씀드리는 것입니다.

많은 사람들은 경건의 시간을 통해 '자신이' 무엇을 얻을 수 있는지에 대해 너무 많이 생각합니다. 그러나 주된 질문은 경건의 시간이 하나님께 무엇을 의미하느냐 하는 것이 되어야 합니다. 향단이 답을 제시합니다. 그분과의 매일의 교제 시간을 거르면 하나님께서 실망을 하시는 것입니다. 우리가 기도하는 것과 하나님께 나아가는 것이 그분께는 향기가 됩니다.

단계 7: 경배와 찬양

그림을 통해 우리는 성막의 다음 부분은 지성소라는 것을 알 수 있습니다. 그곳은 두꺼운 휘장에 의해 성막의 다른 부분으로부터 격리되어 있습니다. 구약 시대에는 오직 대제사장만이 그곳에 들어갈 수 있었는데, 그것도 일 년에 단 한 번, 속죄일에만 들어갈 수 있었습니다(히브리서 9:7).

예수님께서 십자가에 못 박히시던 날 성전의 이 두꺼운 휘장이 위로부터 아래까지 찢어져 두 조각으로 나누어졌습니다(마태복음 27:51 참조). 성령께서 이 사건을 통해 우리에게 보여 주시는 바는 이제는 모든 그리스도인들이 지성소에 나아갈 수 있다는 사실입니다(히브리서 9:8). 구약 시대의 성도들 앞에는 휘장이 있었지만 우리 앞에는 개방되어 있어 직접 하나님의 존전으로 나아가 그분과 친교를 나눌 수가 있는 것입니다.

우리가 마음속으로 하는 여행에서, 둘로 갈라진 휘장을 통과해 걸어 들어가서 하나님의 존전에 한 걸음 가까이 갈 때 우리가 밟을 일곱 번째 단계는 경배와 찬양입니다. 알프레드 기브스는 기도가 마음을 필요로 채우는 것이고, 찬양이 마음을 이미 베풀어 주신 축복들로 채우는 것인 것처럼, 경배는 마음을 하나님 그분으로 채우는 것이라고 했습니다. 기도와 찬양도 경배의 일부분이 됩니다. 마음으로 하는 여행의 이 지점에서 우리는 하나님의 위대하심과 그분의 모든 역사의 위대함으로 우리 마음을 채우기 원합니다. "여호와 나의 하나님이여, 주는 심히 광대하시며 존귀와 권위를 입으셨나이다"(시편 104:1. 역대상 29:11-13 참조).

다윗은 "여호와의 이름에 합당한 영광을 돌리며 거룩한 옷을 입고 여호와께 경배할지어다"(시편 29:2)라고 말했습니다. 어떻게 사람이 하나님께 영광을 돌릴 수 있습니까?

이에 대해 좀 더 생각해 봅시다. 영광은 탁월함 또는 뛰어남이라고 정의될 수도 있을 것입니다. 잠언 20:29에서 젊은 자의 영화(영광)는 그의 힘이라고 했는데, 이는 그의 운동 능력을 가리키는 것 같습니다.

아주 유명한 운동 선수, 특히 축구 선수 가운데 개인적으로 아는 사람이 있습니까? 당신이 축구 경기를 관전하는데 그 선수가 맹활약을 하는 것을 보았다고 가정합시다. 그 뒤에 그를 만나면 당신은 그의 등을 두드리거나 어깨에 손을 얹으면서 "야, 정말 자네가 경기하는 모습은 볼 만했어. 상대방의 태클을 교묘하게 피하면서 공을 몰고 질주하여 정확한 패스로 반대편에 있는 선수에게 공을 넘겨주고 달려 들어가 그 선수로부터 공을 다시 패스 받아 세 사람의 수비 사이로 논스톱으로 슛을 날려 골인시키는 장면은 한 폭의 그림 같았어"라고 말할 것입니다. 그 선수의 면전에서 그가 경기장에서 행한 것을 열거하면서, 그의 됨됨이나 활약상에 대해 사실이 아닌 것을 말할 수는 없습니다. 또한 사실을 부정해서도 안 됩니다. 어쨌든 당신이 그의 행위를 칭찬할 때, 당신은 그에게 영광을 돌리고 있는 것입니다.

우리는 하나님의 존전에서 그분의 위대하심과 그분이 하신 일의 경이로움과 위대함에 대해 우리가 생각하는 바를 열거할 필요가 있습니다. 우리는 "여호와 나의 하나님이여,

주는 심히 광대하시며 존귀와 권위를 입으셨나이다"(시편 104:1)라는 말로 시작할 수도 있습니다. "여호와 나의 하나님이여!" 이 얼마나 개인적이며 친밀함을 느끼는 접근인지요. 또는 하늘의 성도들처럼 "우리 주 하나님이여, 영광과 존귀와 능력을 받으시는 것이 합당하오니, 주께서 만물을 지으신지라 만물이 주의 뜻대로 있었고 또 지으심을 받았나이다"(요한계시록 4:11)라고 할 수도 있습니다. 하나님께서는 위대하시며 당신이 그분의 위대하심을 찬양하며 그분의 사랑에 대해 감사드린다고 그분께 말씀드리십시오(역대상 29:11-13). 형식적이 되지 않도록 하기 위해서는 다양성이 요구됩니다. 하나님께 경배할 때 사용하는 수식어는 우리 마음속에서 우러나오는 것이어야 하며, 개인적인 지식에 토대를 둔 것일 뿐 아니라, 그분과의 개인적인 경험의 산물이어야 합니다. 성경에는 우리에게 도움이 되는 경배 내용이 많이 있습니다. 하나님에 대한 순수한 찬양의 시인 시편 145편에서도 그런 내용을 상당수 찾아볼 수 있습니다.

- "주의 존귀하고 영광스러운 위엄과 주의 기사를 나는 묵상하리이다"(5절).
- "나도 주의 광대하심을 선포하리이다"(6절).
- "저희가(내가) 주의 크신 은혜를 기념하여 말하며 주의 의를 노래하리이다"(7절).

- "여호와는 은혜로우시며 자비하시며 노하기를 더디하시며 인자하심이 크시도다"(8절).
- "여호와께서는 만유를 선대하시며 그 지으신 모든 것에 긍휼을 베푸시는도다"(9절).
- "저희가(내가) 주의 나라의 영광을 말하며 주의 능을 일러서"(11절).
- "주의 능하신 일과 주의 나라의 위엄의 영광을 인생에게 알게 하리이다"(12절).

이 시편을 경배하는 마음으로 죽 읽어 가면서 당신이 찬양하고 싶은 그분의 성품을 나타내는 내용에 밑줄을 긋고, 그 내용을 당신 자신의 말로 풀어 하나님께 경배하는데 사용하십시오. 시편 36편에도 찬양하며 경배하는 내용이 많이 나옵니다.

- "여호와여, 주의 인자하심이 하늘에 있고"(5절).
- "주의 성실하심이 공중에 사무쳤으며"(5절).
- "주의 의는 하나님의 산들과 같고"(6절).
- "주의 판단은 큰 바다와 일반이라"(6절).
- "여호와여, 주는 사람과 짐승을 보호하시나이다"(6절).
- "하나님이여, 주의 인자하심이 어찌 그리 보배로우신

지요"(7절).
- "인생이 주의 날개 그늘 아래 피하나이다"(7절).
- "저희는 주의 집의 살진 것으로 풍족할 것이라"(8절).
- "주께서 주의 복락의 강수를 마시우시리이다"(8절).
- "생명의 원천이 주께 있사오니"(9절).
- "주의 광명 중에 우리가 광명을 보리이다"(9절).

날마다 성경을 읽어 나갈 때, 당신 자신의 말로 주님께 대한 찬양을 표현하는 데 도움이 되는 구절이 있는지 항상 살펴보십시오. 경배를 통해 당신의 마음을 하나님 그분으로 채울 때, 이러한 찬양이 점차 당신의 친교의 더욱 의미심장한 부분이 되게 하십시오. 이것이 구약의 대제사장이 밟았던 단계 7의 현대적인 적용입니다.

단계 8: 사랑의 표현

다음 단계는 다윗이 "나의 힘이 되신 여호와여, 내가 주를 사랑하나이다"(시편 18:1)라고 마음에서 우러나온 표현을 한 것과 같은 것입니다. 우리는 말로써 하나님께 대한 우리의 사랑을 표현해야 합니다. 이것이 쉬운 일은 아니며, 아주 남성적인 기질을 소유한 사람들에게 있어서는 특히 그러합니다. 그러나 성경은 우리가 하나님을 사랑한다고 하나님께 말씀드리라고 명령합니다. 어떤 사람은 시편의 이 구절을 "오 하나님, 제가 마음속 깊이 하나님을 사랑합니다"라고 번역했습니다. 다윗은 어느 누구보다도 남성적인 사람이었습니다. 또 다른 시편 기자는 "여호와께서 내 음성과 내 간구를 들으시므로 내가 저를 사랑하는도다"(시편 116:1)라고 말했습니다. 다윗은 "너희 모든 성도들아, 여호와를 사랑하라!"(시편 31:23)고 권면합니다.

신약성경에서는 하나님과 우리 사이의 사랑에 대해 잘 설명되어 있는 요한일서 4:7-21에 이러한 면에 대해 명확히 서술되어 있는데, 핵심이 되는 구절은 "우리가 사랑함은 그가 먼저 우리를 사랑하셨음이라"는 19절입니다. 가족들 사이에서나 남편과 아내 사이에서, 하나님께서는 우리가 사랑을 행동으로 뒷받침할 뿐만 아니라 말로도 표현하는 것이 필요하도록 하셨습니다. 하나님께서는 그분께 대해서도 우리가 그렇게 반응을 나타내기를 원하십니다.

주님의 어떤 면 때문에 주님께 사랑을 표현해야 하는지를 알기 위해 나는 그분이 이 땅에서 보낸 마지막 한 주간에 있었던 일들을 죽 훑어보기를 좋아합니다. 이를 통해 내 생각은 체계화됩니다.

한 가지 방법으로서, 예수님께서 승리의 입성을 하신 때부터 그분이 부활하셔서 열한 제자들에게 나타내실 때까지 요한복음에 기록된 사건들을 성경을 사용하거나 기억을 더듬어 상기해 보십시오. 우리 주님의 지상에서의 마지막 나날들에 있었던 이 사건들에 생각을 집중하면서 그분의 신분과 행하신 일로 인해 그분을 사랑한다고 말씀드리십시오.

- 요한복음 12장 – "승리의 입성 시에 보여 주신 겸손함으로 인해 주님을 사랑합니다!"
- 요한복음 13장 – "제자들의 발을 씻기심으로 종의 모습을 보여 주신 주님을 사랑합니다!"
- 요한복음 14장 – "저를 위해 거처를 예비하고 계시는 주님을 사랑합니다!"
- 요한복음 15장 – "가지인 제가 포도나무인 주님으로부터 생명을 공급받을 수 있게 해 주신 것을 인하여 주님을 사랑합니다!"
- 요한복음 16장 – "능력의 성령을 제게 보내 주신 주님을 사랑합니다!"
- 요한복음 17장 – "대제사장으로서의 기도에 저를 포함시켜 저를 위해 기도해 주신 주님을 사랑합니다!"

- 요한복음 18장 – "겟세마네 동산에서 저를 위해 고뇌를 겪으신 주님을 사랑합니다!"
- 요한복음 19장 – "십자가에서 저를 위해 최고의 희생을 치르신 주님을 사랑합니다!"
- 요한복음 20장 – "주님의 부활의 능력으로 저의 부활을 보증해 주신 주님을 사랑합니다!"
- 요한복음 21장 – "주님께서 저도 포함되는 주님의 사람들과 교제를 나누시고 즐기시는 것으로 인해 주님을 사랑합니다!"

이것들은 단지 구세주에 대한 당신의 사랑을 어떻게 표현할 수 있는지를 보여 주는 몇 가지 예에 지나지 않습니다. 하나님과 감정과 마음을 나누는 친교를 갖고자 하는 사람들은 누구나 그분을 향한 자신의 사랑을 표현하는 각자의 방법을 가지고 있어야 합니다. 당신의 마음과 하나님의 마음을 묶고 당신의 영혼과 그분의 성령이 연합되어 있을 때, 하나님께서는 언제, 어떤 장소, 어떤 환경에서든 그분 자신으로부터 당신에게 영양을 공급해 주십니다.

단계 9: 순수한 찬양

이 단계는 "감사함으로 그 문에 들어가며 찬송함으로 그 궁정에 들어가서 그에게 감사하며 그 이름을 송축할지어다"(시편 100:4)라는 말씀을 실행하는 것이 됩니다. 이 시점에서 곰곰이 생각해 보아야 할 무척 중요한 문제가 있습니다. 하나님께서는 우리가 그분이 행하신 것과 아직 행하지 않으신 것 중 어느 것에 대해 말씀드리는 것에 더 흥미가 있으실까요? 우리가 그분께 찬양과 감사를 드릴 때는 그분이 이미 행하신 것에 대해 말씀드리고 있는 것입니다. 성경에 언급한 횟수를 보건대, 하나님께서는 자신이 아직 행하지 않으신 것보다는 이미 행하신 것들에 대해 우리가 그분과 이야기하는 데 더 관심이 있으시다는 것을 명확히 알 수 있습니다. 이것이 찬양입니다. 이것은 마음을 하나님께서 이미 베풀어 주신 축복들로 채우는 것입니다. 위대한 선교사인 존 하이드의 전기 작가의 말에 따르면, 기도에 자신을 드렸던 하이드는 기도가 막힐 때마다 그것을 찬양의 부족 때문으로 여겼다고 합니다. 찬양을 통해 우리 마음을 축복들로 채움으로써 우리는 하나님과의 관계에 올바른 균형을 유지할 수 있습니다. 어떤 찬송가 작가는 "그대 한 왕에게 나아가네. 크나큰 간구 내용을 가지고 나아가게"라고 했습니다. 먼저 충분한 찬양을 드리지 않고는 가치 있는 간구 내용들을 가지고 나아갈 수 없습니다.

　나폴레옹에게 있었던 일이 좋은 예화가 됩니다. 그가 얼마 전에 정복한 지역에 사는 어떤 사람이 아주 예사롭지 않은 부탁을 하기 위해 그를 찾아왔습니다. 기록에 의하면, 이 사람은 나폴레옹이 정복한 영토 중 상당한 부분과 많은 사람들을 자기 관할에 붙여 달라고 그에게 요청한 것 같습니다. 나폴레옹의 참모장은 그 요청 사항이 하도 터무니없는 것이어서 나폴레옹이 고려해 보지도 않을 것이라고 생각했습니다. 그러나 이 사람은 기어이 나폴레옹을 만났습니다. 이 사람과 몇 분간 대화를 나눈 나폴레옹은 막사에서 나오더니, 참모장에게 이 사람이 요청한 것을 다 들어주라고 명령했습니다. 참모장은 깜짝 놀랐습니다. 그래서 도대체 어떻게 그런 엄청난 요청을 들어줄 수가 있는지 나폴레옹에게 물어 보았습니다.

　나폴레옹은 "그는 엄청나게 큰 것을 요청함으로써 나를 찬양했다"라고 대답했다고 합니다. 나폴레옹은 "나를 그렇게 위대하게 생각하는 사람에게 모르는 체할 수가 없다"고 말하고 있었던 것 같습니다.

　우리 마음을 찬양으로 채우고 있다면, 우리는 하나님의 위대하심과 기꺼이 주고자 하시는 그분의 성품에 대해 올바른 시야를 갖게 될 것입니다. 하나님의 위대하심을 곰곰이 생각하며, 그분이 과거에 행하신 것에 대해 생각하고, 그러고 나서 그분이 이미 행하신 것들로 인해 그분께 감사드리는 데 많은 시간을 들인 때라야 우리는 하나님께 커다란 요청 사항을 가지고 나아갈 준비가 된 것입니다.

단계 10: 하나님의 존전

이 단계는 우리를 하나님과의 친교의 핵심으로 인도합니다. 하나님께서 우리를 위해 예비해 두신 이 단계로 나아가기 위해서는 매우 중요한 질문 하나를 생각해 보아야 합니다. 하나님과 단둘이 친교를 갖다가 갑자기 육신이 죽어 당신이 하늘나라의 하나님의 존전에 서게 된다면, 당신은 하던 이야기를 끝까지 하시겠습니까? 모든 것은 당신이 하나님과 대화를 나눌 때 당신이 꺼낸 이야기가 얼마나 현실적이었느냐에 달려 있습니다.

나는 이 세상을 떠나 주님 앞에 이르렀을 때 주님께서 나더러 먼저 이야기를 해보라고 하실 경우를 생각해 봅니다. 그때 나는 먼저 "주님, 육체 가운데 있었을 때 저는 저를 구원해 주신 데 대해 주님께 종종 감사를 드렸습니다. 주님을 직접 대면하고 있는 지금 저는 우선 주님께서 저를 구원해 주신 데 대해 다시 한 번 감사드리고 싶습니다"라고 말씀드릴 것입니다.

그때 아마도 주님께서는 나에게 말을 계속하라고 하실

것입니다. 그러면 나는 "주님, 제가 지난주에 곤경에 빠져 주님께 기도했을 때 주님께서 응답해 주셨던 일을 기억하십니까? 그때 주님께 감사드리긴 했지만 주님을 직접 만난 지금 그 일에 대해 다시 한 번 감사드리고 싶습니다"라고 말씀드리겠습니다. 주님께서는 틀림없이 "그래. 그 일이 기억나는구나"라고 하실 것입니다. 그때 주님께서 내게 말을 계속하라고 하시면, 며칠 전의 일을 생각하고 "주님, 며칠 전에 있었던 그 일을 기억하십니까?"라고 하면서 그때 있었던 일을 설명할 것입니다. 주님께서는 "그럼. 그 일을 아주 잘 기억하고 있지"라고 대답하실 것입니다. 이것이 바로 나와 주님께 현실적인 것들에 대해 주님과 이야기하는 한 예입니다. 그러므로 이 단계에서는 나는 사실 즉 그분께 현실적이고 나에게 현실적인 것에 대해 그분과 이야기를 나눕니다. 그리고 이것이 바로 친교의 핵심입니다.

E. M. 바운즈는 유명한 저서 『기도의 능력』에서 프랑스 사람 마르뀌 드랑띠에게 있었던 일을 소개하고 있습니다. 어느 날 그는 하나님과 시간을 갖기 위해 서재로 가면서 하인에게 30분 후에 자기를 부르러 오라고 지시했습니다. 그 시간이 되어 하인은 서재로 갔으나 드랑띠가 하나님과 친교를 나누고 있는 것을 보고는 차마 방해를 할 수가 없었습니다. 30분 뒤 하인이 다시 갔습니다. 한 시간이나 경과했는데도 마찬가지였습니다. 그는 드랑띠를 방해할 만한 담력

이 생기지 않았습니다. 결국 90분 후 다시 서재로 가서 그는 주인에게 사무실로 가야 할 시간이라고 알려 주었습니다. 드랑띠는 깜짝 놀라며, "원, 하나님과 친교를 나눌 때는 30분이 이렇게 짧을 수가!"라고 했습니다.

하나님께 현실적이고 우리에게 현실적인 것들에 대하여 하나님께 말씀드릴 때는 시간 가는 줄을 모릅니다. 아인슈타인이 처음 미국에 왔을 때 한 기자가 그의 상대성 이론을 한두 마디로 설명해 보도록 요청했습니다. 아인슈타인은 "예를 들어 상대성을 설명해 보겠습니다. 당신이 1분 동안 뜨거운 난로 위에 앉아 있는 불운을 겪는다면, 그것은 1시간처럼 느껴질 것입니다. 그러나 당신이 1시간 동안 매우 사랑하는 이와 시간을 가졌다면, 그것은 1분처럼 느껴질 것입니다"라고 대답했다고 합니다. 아인슈타인이 말하고자 했던 핵심을 정확히 알 수는 없지만, 이 말을 통해 배운 교훈은 '우리가 느끼는 시간의 길이는 그때 누리는 즐거움에 따라 달라진다'는 것입니다.

어떤 것을 즐기고 있으면 시간이 순식간에 흘러가 버리는 것 같지만, 즐기고 있지 못한 경우에는 시간이 그렇게 안 갈 수가 없습니다. 하나님과 마음과 뜻과 감정을 나누는 진정한 친교를 나누고 있을 때는 시간 가는 줄을 모릅니다.

단계 11: 간구

앞서 기도는 마음을 필요들로 채우는 것이며, 간구란 하나님께 요청하는 기도라는 것을 알았습니다. 밀접한 친교의 시간을 가진 후에 하나님께 간구 사항을 말씀드리려고 하면 그게 왠지 세속적인 것 같은 느낌이 들지도 모릅니다. 그러나 하나님께서는 그런 기도도 하도록 우리를 초대하셨습니다.

나는 약간 멋쩍은 듯한 느낌이 들 때라도, "주님, 요청할 게 몇 가지 있습니다"라고 합니다. 그리하여 내가 원하는 것들을 그분께 말씀드립니다. 기도 목록을 사용하면 간구 내용을 일목요연하게 말씀드릴 수 있어 좋습니다. 그러나 틀에 박힌 듯하거나 기계적으로 간구하지는 마십시오. 사도 바울은 우리에게 다음과 같이 권면합니다. "아무것도 염려하지 말고 오직 모든 일에 기도와 간구로 너희 구할 것을 감사함으로 하나님께 아뢰라. 그리하면 모든 지각에 뛰어난 하나님의 평강이 그리스도 예수 안에서 너희 마음과 생각을 지키시리라"(빌립보서 4:6-7).

단계 12: 기념품과 생각나게 해 주는 것

당신이 꽃밭에 갔다가 그곳을 떠나려 할 때 강하게 느끼는 충동은 어떤 것입니까? 물론 꽃을 꺾어 가져오고 싶은 충동, 그 꽃밭의 향기를 집으로 가지고 오고 싶은 충동을 느끼겠지요.

그 꽃을 꺾어서 집에 가지고 온다면 우리는 그것을 보거나 향기를 맡을 때마다 아름다운 꽃밭에 갔던 기억이 날 것입니다. 그것은 우리가 관찰한 아름다운 꽃을 기념하는 것이 될 것이며, 다른 사람들에게 우리가 어디에 갔다 왔는지를 알려 줄 것입니다.

하나님과 단둘이 갖는 시간을 마무리하는 최종 단계는 그 친교 시간의 가장 신선한 부분을 골라 우리 지성과 감정에 단단히 새겨 우리가 하루 종일 그것을 기억할 수 있게 하는 것입니다. 그것은 우리가 하나님과 가졌던 시간을 생각나게 해줄 것입니다. 꽃밭에서 가져온 꽃이 계속 향기를 발하듯이, 우리가 살아 계신 하나님과 가진 친교의 시간은 그날 하루 종일 우리 자신과 우리가 만나는 모든 사람에게 향기가 되어야 합니다.

요약과 결론

우리는 먼저 묵상을 통해 영혼의 뿌리의 첫 번째 부분을 사용하는 법을 배웠고, 이제는 친교를 통해 감정을 사용함으로써 그리스도로부터 영적 양분을 섭취하는 법도 살펴보았습니다. 이것은 영혼의 뿌리의 마지막 부분을 사용하는 것,

즉 선택하고 순종하는 일을 위해 우리를 준비시켜 줍니다.

우리는 주야로 하나님의 말씀을 묵상하는 법을 배운 것처럼(여호수아 1:8, 시편 1:2), 이제 그분과 친교를 나누는 법도 배웠습니다. 이 친교 시간은 아침에 갖는 경건의 시간에만 국한시키지 말고, 회상함으로써 하루 전체로 확장해야 합니다. 경건의 시간은 하루 동안 갖는 많은 친교의 시간들 가운데 처음 갖는 시간일 뿐입니다. 우리는 다윗(시편 55:17)과 다니엘(다니엘 6:10)이 보인 본을 따라 아침과 정오와 저녁에 주님과 함께 시간을 보낼 수 있으며, 또한 단순히 '아뢰는 것' 그 이상을 할 수가 있습니다. 하루의 일상적인 일을 해 나가면서 가급적이면 여러 번 몇 초의 시간을 내어 하나님께 다음과 같이 말씀드리는 것은 신선한 경험이 되며, 아침에 그분과 함께 나눈 시간을 회상하는 데도 도움이 될 것입니다.

- "하나님께서는 보좌에 계십니다."
- "저를 구원하시려고 예수 그리스도를 보내 주신 데 대해 하나님께 감사드립니다."
- "저는 하나님을 사랑합니다."
- "하나님은 위대하십니다."
- "하나님은 제게 매우 실제적인 분이십니다."
- "하나님의 속성으로 인해 하나님을 찬양합니다."

- "하나님께서 행하신 모든 일들로 인해 하나님을 찬양합니다."
- "저는 현재와 미래의 매순간에 하나님을 저의 삶에 실제적으로 모시겠습니다."

이러한 친교는 당신이 그리스도 안에 거하며 그리스도께서 당신 안에 거하시는 삶으로 들어가는 문을 엽니다. 이것이 때와 장소와 환경에 관계없이 당신의 영혼에 물을 대는 하나님의 방법입니다.

육신을
좇는 자는
육신의 일을,
영을 좇는 자는
영의 일을
생각하나니
육신의 생각은
사망이요
영의 생각은
생명과
평안이니라.
로마서 8:5-6

6
의지와 선택 및 순종

우리 하나님은 매우 실제적이신 분입니다. 묵상과 친교에 들인 시간이 우리로 영적으로 민감하게 하기는 하지만, 하나님께서는 우리가 실제로 성공과 실패를 하는 곳은 매일의 삶이라는 전장인 것을 잘 알고 계십니다. 우리가 영적인 영양분을 섭취하는 통로가 되는 영혼의 뿌리의 두 부분을 살펴보았는데, 그것들은 지성을 사용하여 묵상하는 것과 감정을 사용하여 친교를 갖는 것이었습니다. 뿌리의 가닥들의 상대적인 크기를 비교해 보면, 지금 우리가 고찰해 보고자 하는 것 즉 의지를 사용하여 선택하는 것이 가장 큽니다. 하나님께서는 예수님으로부터 영적 영양을 섭취하는 가장 큰 통로는 우리가 그것을 가장 필요로 하는 시간 동안에 사용할 수 있게 해 두셨습니다.

우리 하루의 많은 부분은 일상적인 일들로 이루어져 있으며, 그런 일들을 할 때는 의식적인 묵상이나 하나님과의 친교를 할 수가 없습니다. 삶에서 이 부분(53쪽의 그림 2에서 대부분을 차지하는 흰 부분)은 일련의 선택들로 이루어집니다. 이 선택들을 할 때 우리 의지가 사용됩니다. 이 부분이 결코 일상생활에서 덜 중요한 부분은 아닙니다. 이 부분은 하나님께 매우 중요하기 때문에 하나님께서는 영혼의 뿌리의 의지 부분을 통해 우리가 하나님으로부터 영적인 영양을 공급받도록 해 두셨습니다. 다음에 나오는 예화는 우리가 살펴보고자 하는 주제의 중요성을 이해하는 데 도움이 될 것입니다.

미국이 2차 대전에 참전하기 전이었는데, 독일 전함 그라프스피는 남대서양에서 효과적으로 연합군 함대를 공격하고 있었습니다. 영국군 최고 사령부는 3척의 순양함에 그 독일 전함을 도중에서 차단하여 파괴하라는 특수 임무를 부여했습니다. 그 작전은 하우드 제독이 지휘하게 되었습니다. (이 사건의 설명 중 후반부는 사실과 다릅니다. 적용을 위해 그렇게 하는 것입니다.) 그라프스피를 공격할 시간이 가까워 오자, 하우드 제독은 작전 지시를 위해 세 순양함의 함장들을 기함에 있는 자기 방으로 불렀습니다. 그는 전략과 각 배의 승무원들의 임무를 설명했습니다. 브리핑이 끝나자 각 함장들은 그 전투에서 자기가 수행해야 할 역할을 알았습니다. 하우드 제독은 "자, 여러분, 이제 각자의 배로 돌아가서 우리의 임무를 다합시다"라고 말했습니다.

바로 이때 세 함장 중의 한 사람이 이렇게 말했습니다. "제독님, 제독님과 함께 보낸 시간과 나눈 대화들은 참으로 좋았습니다. 제공해 주신 식사는 정말 훌륭했습니다. 그리고 제독님의 숙소는 아주 아늑한 곳입니다. 커피와 홍차도 일급이었습니다. 무엇보다도 제독님은 참으로 위대한 지휘관이시며, 제독님과 함께 시간을 보내는 것은 특권입니다. 왜 우리가 싸움터로 되돌아가야 합니까? 왜 지금부터는 제독님과 함께하며 즐거운 시간을 보낼 수가 없습니까? 그 지긋지긋한 전쟁일랑 잊어버립시다."

이런 특이한 요청을 받은 하우드 제독은 다음과 같이 대답했습니다. "우리가 함께했던 시간을 자네가 즐겼다니 기쁘다. 내게도 역시 즐거운 시간이었다. 우리의 모든 시간을 교제하는 데만 쓰자는 자네 아이디어는 참으로 훌륭해. 마지막 전투가 끝나고 최후의 승리를 얻자마자 우리는 그런 즐거운 시간을 충분히 갖게 될 것이다. 그러나 나는 지금 당장은 자네들과 함께 시간을 보내는 일보다는 자네들이 전투에서 할 일에 더 관심이 있다. 적을 놓치지 않도록 해. 내가 여러분들을 주시하고 있다는 것을 명심해. 나의 모든 자원들은 자네들이 마음대로 사용할 수 있다. 나의 조언이나 능력이나 지도가 필요할 때는 난 자네들이

속삭이듯이 말해도 들을 수 있을 정도로 가까운 곳에 있을 것이다. 자네들이 내가 필요하다는 것을 느끼기 전에도 나는 자네들을 보살피며 지도하고 있을 것이다. 자, 전장으로!"

하나님의 말씀을 묵상하고 그분과 친교를 나누는 것은 매우 중요합니다. 그러나 삶에서의 전투도 매우 중요한 일입니다. 우리의 의지를 발휘해야 할 곳은 이 전투에서며, 전장에서도 우리는 묵상과 친교에서처럼 그리스도로부터 영양을 공급받는 특권을 가지고 있습니다.

두 가지 법

매일의 전투에서 지속적으로 효력을 지니고 있는 법이 있습니다. 이것들 가운데 두 가지를 사도 바울이 지적했습니다. "이는 그리스도 예수 안에 있는 생명의 성령의 법이 죄와 사망의 법에서 너를 해방하였음이라"(로마서 8:2). 이 두 법, 다시 말해 생명의 성령의 법과 죄와 사망의 법을 이해하기 위한 적당한 예화로 이륙 전 및 비행 중의 항공기를 고찰해 보는 것이 도움이 됩니다.

항공기로 여행을 떠난다고 합시다. 승객들이 다 탑승하고 안전벨트를 매자 항공기는 활주로의 끝까지 서서히 굴러갑니다. 그러더니 이륙을 하지 못합니다. 조종사와 관제탑 사이에 어떤 대화가 오가고 있을지 궁금합니다. 조종사가 관제사에게 이렇게 이야기하고 있다고 상상을 할 수도 있습니다. "지구 인력이 아직도 너무 커서 이륙을 할 수가 없습니다. 이 인력을 극복하기 위해 할 수 있는 일이 없겠습니까? 레버와 스위치를 지구 인력이 영이 되어 이 항공기를 붙잡지 못할 때까지 움직여 주십시오." 물론 이런 일은 없습니다. 지구 인력은 항공기를 아래로 끌어당겨 붙잡고 있습니다.

 실제로는 이륙 허가가 나면 항공기는 요란한 소리를 내며 활주로를 미끄러지듯 달립니다. 이윽고 이륙할 수 있을 정도의 속도에 이르고 항공기는 떠오릅니다. 지구 인력의 법은 더 이상 그 항공기를 지배하지 못합니다. 더 상위 법의 지배를 받게 되었습니다. 날개의 모양과 전진 속도를 위시한 다른 요인들에 의해 지구 인력의 법은 더 높은 어떤 법에 의해 효과적으로 극복됩니다. 기체 역학의 법이 지배

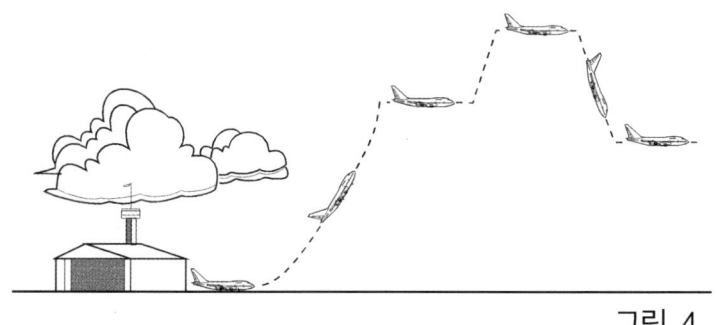

그림 4

하게 된 것입니다.

요약하자면, 지구 인력의 법을 극복하고 항공기가 더 상위 법의 지배를 받게 한 요인은 전진 운동이었습니다. 전진 운동을 계속하는 한 항공기는 계속 공중에 떠 있게 될 것입니다. 이것은 승리하는 그리스도인의 삶을 위한 원리도 됩니다. 그림 4는 비행 중인 항공기의 모습을 보여 줍니다. 이 그림을 통해, 항공기는 상승을 하거나 고도를 그대로 유지하거나 하강을 한다는 것을 알 수 있습니다. 이 그림은 또한 우리 그리스도인의 삶의 모습을 보여 주기도 합니다. 우리는 진보를 하거나 현상 유지를 하거나 퇴보를 하고 있을 것입니다.

모든 영적 고도의 변화는 의지의 선택의 결과로 나타납니다. 여호수아는 다음과 같이 말할 때 의지에 큰 중요성을 부여했습니다. "너희 섬길 자를 오늘날 택하라. 오직 나와 내 집은 여호와를 섬기겠노라"(여호수아 24:15). 예수 그리스도께서는 마리아가 옳은 것을 선택했다고 칭찬하셨습니다. "그러나 몇 가지만 하든지 혹 한 가지만이라도 족하니라. 마리아는 이 좋은 편을 택하였으니 빼앗기지 아니하리라"(누가복음 10:42). 그리스도 안에 거하고 있을 때는 영적인 삶에서 수평으로 날아가고 있다고 볼 수 있습니다. 하나님께서는 우리가 영양을 섭취할 필요가 있도록 하셨습니다. 예수님으로부터 영적 영양을 섭취해야 하는 환경을 허락하시는 것입니다. 그분은 우리가 그리스도 안에 거하고 있을 때라도 우리에게 시험을 허락하십니다. 야고보는 시험들을 기뻐하라고 했습니다(야고보서 1:2 참조). 사실 그러합니다. 그것들은 우리가 그리스도로부터 양분을 섭취하도록 하기 때문입니다. 바울은 하나님께서는 우리가 감당할 수 없는 시험은 허락지 않으시며 시험을 받을 때는 피할 길을 마련해 주신다는 사실을 우리에게 확신시킵니다(고린도전서 10:13 참조).

유혹을 받을 때의 선택

대개의 건물에는 출구를 나타내는 표지가 있고 거기에는 불이 들어와 있습니다. 이 출구를 통해 사람들은 그 건물을 나갈 수 있습니다. 보통 이 출구는 그 건물에 들어올 때 통과하는 입구와는 별도로 만들어져 있습니다. 사람들은 입구를 통해서뿐만 아니라 그 출구들을 통해서도 건물 밖으로 나갈 수 있는 것입니다. 그래서 사람들이 건물 속에 갇히는 일은 결코 없습니다. 우리 그리스도인의 삶에서도 마찬가지입니다. 유혹에 포위되어 꼼짝 할 수 없는 것처럼 느껴질 때라도 하나님께서는 우리를 위해 출구를 만들어 두셨습니다. 이처럼 유혹 가운데서 우리가 올바른 선택을 하면, 승리감과 함께 죄로 더럽혀지지 않았다는 흐뭇함과 기쁨을 느끼게 됩니다. 우리의 영적인 고도는 높아집니다. 한편 우리가 그릇된 선택을 하면 영적으로 하강하기 시작합니다. 이것은 우리가 그릇된 선택을 했다는 것을 깨닫고 잘못을 자백하고 올바른 선택을 함으로 다시 새로운 영적 고도로 상승하기 시작할 때까지 계속됩니다. 우리는 인간이기 때문에 그릇된 선택도 할 수 있습니다.

우리가 그토록 슬픔과 우울함을 우리에게 안겨 주는 이러한 그릇된 선택들을 하게 되는 이유가 무엇이며 그 해결책은 무엇인지를 다음 예화가 잘 보여 줍니다(마태복음 5:41 참조).

예수님 당시 로마의 군인들은 어디를 가든지 걸어 다녀야 했을 뿐만 아니라 무거운 짐 보따리를 메고 다녀야 했습니다. 이것이 무척 힘든 일이었기 때문에 로마법은 로마 군인들이 민간인들을 징발하여 그 짐 보따리를 오 리까지는 메고 가게 할 수 있도록 허락하고 있었습니다. 그 민간인이 거절하면, 그는 로마법에 의해 기소를 당할 수 있었습니다. 그러나 오 리가 되는 지점에 이르면 그 민간인은 더 이상의 의무가 없었습니다. 군인이 강제로 더 메고 가도록 하려고 하면, 그때는 그 군인이 로마법에 의해 기소될 수가 있었습니다.

그 시대에 당신이 살고 있었다고 가정합시다. 당신은 매일 아침 직장까지 십오 리를 걸어서 출근합니다. 어느 날

직장으로 향하는 한길에 들어서자 군인 하나가 당신에게 다가와서 자기의 짐 보따리를 당신에게 넘겨줍니다. 당신은 기꺼이 그것을 오 리 되는 곳까지 메고 가 줍니다. 그러나 오 리 되는 곳에 이르렀을 때 그 군인은 주위를 둘러보더니 아무도 근처에 없는 것을 알고는 "미안하지만 당신이 계속 메고 가 주어야겠어"라고 말합니다. 당신은 법에 따르면 더 이상 그것을 메고 갈 의무가 없으므로 법에 호소하겠다고 말합니다.

그러자 그 군인은 소매를 걷어 올리고 우람한 근육을 내보이더니 한 손은 차고 있던 검으로 가져갑니다. 그러고는 눈을 부라리며 협박조로 "오 리를 더 메고 가! 거절하면 그냥 두지 않겠어!"라고 합니다. 그의 체구, 협박, 난폭성 등을 고려할 때 당신은 어떻게 하겠습니까? 당신은 오 리를 더 메고 갈 수밖에 없을 것입니다.

그런데 이런 일이 날마다 반복되면 당신은 필경 해결책을 강구할 것입니다. 당신은 살고 있는 도시에 주둔하고 있는 고급 장교 한 사람과 그 도시의 법원에서 일하는 법관 한 사람, 경찰관 한 사람, 그리고 건장한 체격의 친구 몇 사람을 찾아가서 다음날 아침에 당신 집으로부터 오 리 되는 지점에서 만나고자 약속합니다.

똑같은 일이 일어날 것입니다. 당신은 그 군인에게 "법에 의하면 나는 이 이상은 당신 짐 보따리를 메고 갈 필요가 없다. 나는 법에 호소하겠다"라고 말합니다. 그 군인이 협박하기 시작하면 당신은 당신 부탁에 의해 그곳에 나와 있던 사람들을 부를 것입니다.

당신은 장교에게 "군인이 이것을 요구할 권리가 있습니까?"라고 묻습니다.

그는 "아니요"라고 대답할 것입니다.

당신은 법관에게 이 법이 법정에서 시행되어 왔는지 물어 볼 것입니다.

그는 그 법이 시행되어 왔으며 유효한 법이라고 말할 것입니다.

당신은 경찰관에게 이 법을 집행할 것인지 물어 볼 것입니다.

그의 대답은 "그렇소"입니다.

또한 당신은 건장한 친구들에게 당신을 도와줄 것인지 물어 볼 것이며 그들은 당신을 도와주겠다고 분명하게 말할 것입니다.

당신이 법에 호소할 수 있는 것은 이처럼 당신이 동원할 수 있는 자원들이 있기 때문입니다. 로마서 6:11 말씀은 어떤 사람들에게 도움이 되기보다는 문제를 야기해 왔습니다. 그 이유는 대개 그 구절의 "이와 같이 너희도 너희 자신을 죄에 대하여는 죽은 자로 여길지어다"라는 상반부만 읽었기 때문입니다. 그들은 "그리스도 예수 안에서 하나님을 대하여는 산 자로 여길지어다"라는 하반절은 무시해 온 것입니다. 하나님께서는 우리가 죄를 이길 수 있도록 자원을 예비해 두셨습니다.

우리는 이 자원들을 동원할 때라야 우리가 죄에 대해 죽었다는 사실에 호소할 수 있고 올바른 선택을 할 수 있습니다. 우리는 죄를 지을 수밖에 없는 필연성에 대해서는 죽었지만 죄를 짓고자 하는 경향에 대해서는 죽은 것이 아닙니다. 우리가 그릇된 선택을 했다면 이는 하나님께서 예비해 두신 자원들을 동원하기를 잊어버렸기 때문입니다. 이런 일이 있게 될 때 다윗은 우리에게 다음의 사실을 상기시켜 줍니다. "여호와께서 사람의 걸음을 정하시고 그 길을 기뻐하시나니, 저는 넘어지나 아주 엎드러지지 아니함은 여호와께서 손으로 붙드심이로다"(시편 37:23-24).

완전한 용서

그리스도인에게 있어서 그릇된 선택이란 치명적인 것이 아닙니다. 우리는 하나님께서 그분의 말씀을 통해 주신 지시를 익히 알고 있습니다. "만일 우리가 우리 죄를 자백하면 저는 미쁘시고 의로우사 우리 죄를 사하시며 모든 불의에서 우리를 깨끗케 하실 것이요"(요한일서 1:9). 잠언에서는 "자기의 죄를 숨기는 자는 형통치 못하나 죄를 자복하고 버리는 자는 불쌍히 여김을 받으리라"(잠언 28:13)고 말씀했습니다.

자기의 잘못을 자백하러 온 어떤 사람에 대한 이야기를 들은 적이 있습니다. 그 사람은 "우리 옆집 사람의 건초를 약간 훔쳤다는 것을 고백합니다"라고 했습니다.

그 이야기를 들은 사람이 "좀 더 구체적으로 말씀해 보십시오. 얼마나 훔쳤습니까?"라고 하자, 그 사람은 "반 리어카 분을 훔쳤는데 한 리어카 분을 채우고자 합니다. 그래서 오늘 밤에 반 리어카 분을 마저 훔쳐 올 예정입니다"라고 대답했습니다.

이 예화는 자백할 뿐만 아니라 죄를 버려야 한다는 말의 의미를 역설적으로 잘 설명해 줍니다. 그 죄를 다시 범하려는 생각을 가지고 있는 한 우리는 그 죄를 자복하고 버린 것이 아닙니다. 우리가 자복하고 그 그릇된 선택을 되풀이하려는 생각을 의지적으로 버릴 때, 하나님의 용서를 받을 수 있는 것입니다. 몇 개의 성경 구절을 합쳐서 만든 다음과 같은 노래가 있습니다.

> 그리스도는 내 죄를 나로부터 제거하시되,
> 동이 서에서 먼 것만큼이나 멀리 옮기시고,
> 깊고 깊은 바다만큼이나 깊이 묻으시며,
> 하나님의 등 뒤로 던지시고 도말하셨네.

다윗은 다음과 같은 놀라운 말을 했습니다. "동이 서에서 먼 것같이 우리 죄과를 우리에게서 멀리 옮기셨으며"(시편 103:12). 당신이 장거리를 날 수 있는 비행기를 타고 공항의 동쪽에서 서쪽으로 길게 깔려 있는 활주로를 이륙하여 줄곧 서쪽으로 비행하여 지구를 한 바퀴 돌아 바로 그 활주로에 착륙한다면, 당신은 착륙할 때도 여전히 서쪽으로 향해 가고 있을 것이며, 결코 한 번도 서쪽 끝에 도달하지는 못했을 것입니다. 또 당신이 만약 서쪽에서 동쪽으로 향해 깔려 있는 활주로를 이륙하여 줄곧 그 방향으로 비행하여 지구를 한 바퀴 돌아 바로 그 활주로에 착륙한다면, 당신은 착륙 시에 여전히 동쪽으로 향해 가고 있을 것이며, 한 번도 동쪽 끝에 도달해 보지는 못했을 것입니다. 그러나 남쪽에서 북쪽으로 향해 깔려 있는 활주로를 이륙하여 줄곧 같은 방향으로 비행하여 지구를 한 바퀴 돈다면 당신은 북극이나 남극에 도달할 때마다 방향을 바꾸게 될 것입니다. 양극 사이의 거리는 측정할 수가 있지만 동쪽과 서쪽 사이의 거리는 측정할 길이 없습니다.

하나님께서 동이 서에서 먼 것같이 우리 죄과를 우리에게서 멀리 옮기셨다고 하셨을 때, 이는 완전한 용서를 의미합니다. 바울은 로마 교인들에게 보낸 편지에서 몇몇 의미심장한 단어들을 사용했습니다. 그 가운데 하나가 **화목**이라는 단어입니다(로마서 3:25). 이 말은 하늘나라에 있는 법정에서 그리스도인은 죄로 인한 심판을 받지 않는다는 것을 의미합니다. 또 하나의 중요한 단어는 **의롭다 하심**입니다(로마서 3:28, 4:25, 5:1). 이 단어는 "저희 죄와 저희 불법을 내가 다시 기억지 아니하리라"(히브리서 10:17)는 말씀과 부합됩니다. 의롭다 하심을 얻었다는 사실을 통해, 우리는 하나님께서 우리가 죄를 지었다는 사실을 그분의 기억으로부터 지워 버리셨을 뿐 아니라 그 사실을 역사의 기록으로부터도 지워 버리셨다는 것을 미루어 알 수가 있습니다.

"하나님께서도 역사는 바꾸실 수 없다"고 한 사람도 있습니다. 그러나 하나님께서는 죄를 잊는 것과 관련해서는 역사를 바꾸신 적도 있는 것 같습니다. 성경은 이스라엘 백성이 애굽을 나온 해부터 솔로몬이 왕위에 오른 지 4년째 되던 해 즉 성전 건축을 시작한 해까지가 480년이라고 기술하고 있습니다(열왕기상 6:1). 우리가 계산을 해보면, 이스라엘 백성이 광야에서 40년을 보냈고, 여호수아가 가나안을 정복하는 데 20년이 걸렸으며, 사사들의 통치 기간이 450년(사도행전 13:19), 사울과 다윗의 통치 기간이 각각 40년이었고, 성전 건축을 시작한 해는 솔로몬이 즉위한 지 4년째 되는 해였으므로 합계는 480년이 아니라 594년입니다.

어떤 역사가의 계산에 따르면 사사 시대의 불순종한 기간이 도합 114년인데, 이는 성경의 기술과 우리 계산 사이의 "불일치" 햇수와 정확하게 일치합니다. 고라 자손은 "주의 백성의 죄악을 사하시고 저희 모든 죄를 덮으셨나이다"(시편 85:2)라고 말했습니다. 이 설명이 타당하다면 출애굽부터 성전 건축 시작 때까지의 기간을 역사가들은 594년으로 계산하지만 하나님께서는 480년으로 계산하신다는 말이 됩니다. 하나님께서는 그분의 기억으로부터 어떤 것을 지워 버리길 원하실 때는 그것을 역사 기록으로부터도 지워 버리십니다.

의롭다 하심 즉 칭의란 하나님께서 우리 죄들을 그분의 기억에서 지워 버리셨을 뿐만 아니라 역사의 기록으로부터도 지워 버리셨다는 것을 의미합니다. 우리는 죄를 범한 후 어떤 구실로도 상처받은 자아를 부둥켜안고 있어서는 안 되며, 오히려 자백하고 단호히 그 죄를 버리며, 삶의 전장으로 돌아가야 합니다. 의지를 잘못 사용하여 그릇된 선택을 했듯이 우리는 이제 의지를 올바르게 사용하여 죄를 자백하고 끊임없는 죄와의 싸움을 삶에서 해 나가는 것입니다.

의식적인 선택

107쪽에 있는 그림 4에서 비행기 고도가 바뀌는 것은 모두 지구 인력의 법과 기체 역학의 법 사이의 지배권 교체의 결과입니다.

그리스도인의 삶에서 영적 고도의 변화는 모두 의지에 의한 의식적인 또는 어렴풋이 의식적인 선택의 결과입니다. 유혹을 받을 때 올바른 결정을 내리면 마음속에 옳게 행했다는 느낌이 있습니다. 다윗은 "여호와를 신뢰하고 선을 행하라. 그리하면 땅에 거하게 될 것이며 진실로 공급을 받을 것이다"(시편 37:3, 흠정역)라고 단언했습니다. 신약적인 의미로, 그는 "선한 것을 선택하거나 옳은 것을 택하라. 그러면 네 영혼에 영양이 공급될 것이다. 즉 그리스도로부터 영적 영양이 충분히 공급될 것이다"라고 말하고 있는 것입니다. 유혹은 대개 다음과 같은 패턴으로 진행됩니다. 첫째, 제안. 둘째, 고려. 셋째, 결정. 의지가 결정을 내리지 않는 한, 죄를 지으라는 제안을 받거나 심지어 죄를 짓는 데 대해 고려를 해보는 것까지도 우리 영혼을 더럽히지는 않습니다. 그러나 가부간 결정을 내렸을 때는 이미 죄를 범했거나 승리를 얻었습니다. 유혹 중에서 올바른 결정을 내림으로써 그리스도로부터 우리의 영혼은 계속 영적 영양을 공급받습니다. 그리고 이런 일은 우리 일상생활 가운데서 끊임없이 일어납니다. 우리는 많은 유혹에 직면합니다. 그러나 우리가 묵상과 친교를 할 때처럼 올바른 선택을 할 때도 그리스도로부터 영적 영양을 공급받는 것입니다.

주님께서는 그분의 뜻을 행하고 그리하여 우리 영혼이 그분으로부터 영적으로 물을 공급받을 수 있는 많은 기회를 부여해 주십니다. 이사야는 다음과 같은 하나님의 약속을 기록하고 있습니다. "주린 자에게 네 심정을 동하며 괴로워하는 자의 마음을 만족케 하면 네 빛이 흑암 중에서 발하여 네 어두움이 낮과 같이 될 것이며, 나 여호와가 너를 항상 인도하여 마른 곳에서도 네 영혼을 만족케 하며 네 뼈를 견고케 하리니, 너는 물 댄 동산 같겠고 물이 끊어지지 아니하는 샘 같을 것이라"(이사야 58:10-11). 일상생활 가운데서 우리가 굶주린 자에게 마음을 쓰며 괴로워하는 자들의 마음을 만족시키면 하나님께서는 우리에게 영적인 물을 공급하시되 영적 양분을 우리에게 공급하실 것입니다. 또한 우리는 실제로 그분의 생명력을 공급받을 수 있게 될 것입니다. 이를 위해 하나님께서는 우리 주위에 궁핍한 사람들을 보내 주십니다.

이 사람들은 우리가 영적으로나 육적으로 도와주어야 할 그리스도인들일 수도 있고, 구원의 메시지를 필요로 하고 있는 불신자들일 수도 있습니다. 이런 기회가 주어질 때 우리는 올바른 결정들을 내림으로써 그리스도로부터 영적 영양을 공급받습니다. 궁핍한 사람들에게 우리 마음을 쏟아 부을 때 우리에게는 "남을 윤택하게 하는 자는 윤택하여지리라"(잠언 11:25)는 말씀이 이루어집니다. 이처럼 우리 자신을 다른 사람에게 쏟아부으면 그 다음에는 우리 영혼에 영적인 영양이 공급되는 것입니다.

유혹을 받을 때나 궁핍한 사람들에게 우리 삶을 쏟아붓는 일에 있어서는 우리가 선택할 수 있는 것은 두 가지뿐이며, 어느 쪽을 선택하느냐에 따라 우리는 영적으로 상승하거나 하강합니다. 그러나 그리스도인의 삶이 상승하거나 하강하는 것으로만 이루어진 것은 아닙니다. 그것은 또한 수평으로 '비행하는 것'도 포함합니다. 그리스도인의 삶의 이 면은 현상 유지를 하는 것이라고 부를 수 있을 것입니다. 당신은 사랑하는 사람과 몇 시간을 함께 보내면서 한마디도 안 할 수도 있는데, 그때 그와의 관계를 방해하는 어떤 일이 일어나지 않는 한 당신과 그의 관계는 현상 유지를 하고 있는 것입니다. 즉 말없이 함께 시간을 보내는 것, 이것은 수평으로 '비행하는 것'입니다. 이처럼 우리는 하루를 살아가는 가운데 상승하거나, 현상 유지를 하거나, 하강합니다.

선택과 관련된 진리가 시편의, 성전에 올라가는 노래 가운데 하나에 흥미 있게 묘사되어 있습니다. 시편 기자는 "종의 눈이 그 상전의 손을, 여종의 눈이 그 주모의 손을 바람같이, 우리 눈이 여호와 우리 하나님을 바라며 우리를 긍휼히 여기시기를 기다리나이다"(시편 123:2)라고 했습니다. 이 시편의 배경이 되는 곳은 연회장인 것 같습니다. 하녀들이 볼 수 있는 곳에 여주인이 있었는데, 그 하녀들은 어릴 때부터 여주인의 손을 주시하도록 훈련되어 왔습니다. 식사가 진행되고 있으면 여주인은 한 손님에게 물

한 컵이 필요하고, 또 한 손님에게는 국이 좀 더 필요하고, 또 다른 손님에게는 밥이 부족하다는 것을 알아채고는 매우 교묘하게 손으로 신호를 합니다. 사실 너무나 교묘하기 때문에 신호를 보내고 있다는 것을 아는 손님은 별로 없습니다. 가장 가까운 곳에 있던 하녀가 그 신호를 읽고는 지시 사항을 행동에 옮기며 그 손님의 필요는 채워집니다. 그런데 하녀의 시선이 여주인의 손이 아닌 다른 데로 향하고 있다면 어떤 일이 일어나겠습니까? 누군가의 필요가 채워지지 않게 될 것입니다. 마찬가지로 우리는 하나님으로부터 필요한 신호를 포착하기 위해 깨어 있어야 합니다. 그 신호란 우리가 유혹 가운데서 무엇을 해야 하는지, 그리고 우리 삶을 그리스도인과 불신자들을 위해 쏟아붓는 일에서 무엇을 해야 하는지에 대한 하나님의 지시입니다.

영국 해군의 기동 훈련에 앞뒤로 일렬로 늘어선 순양함들이 참여하고 있었는데, 90도로 방향 전환을 하라는 신호가 떨어졌습니다. 그런데 다른 배들과는 달리, 한 순양함은 함장이 그 신호를 놓쳐서 앞에 있던 배와 충돌할 뻔했습니다. 대열은 완전히 망그러뜨려졌습니다. 훌륭한 항해술 덕분에 나머지 순양함들은 그 잘못을 저지른 배를 피할 수 있었습니다. 그 소동이 마침내 진정된 후, 지휘 책임을 지고 있던 제독은 그 잘못을 저지른 함장에게 "함장, 자네는 이제 무엇을 할 참인가?" 하고 물었습니다.

자기의 부주의로 인해 해군 생활에서 어떤 대가를 치러야 할지를 곰곰이 생각해 본 그 함장은 "제독님, 저는 농사를 짓고자 합니다"라고 대답했습니다. 딱 한 번 신호를 놓친 것으로 인해 그가 과연 전쟁을 할 때 능숙하게 순양함을 이끌 수 있겠는지에 대해 심각한 의문이 제기되어 그의 해군 생활은 조기에 막을 내리고 말았습니다.

우리는 성령의 신호에 깨어 있음으로써 영적 전쟁에서의 기술을 계발합니다. 그리하여 우리는 영적인 적들을 압도합니다. 우리는 유혹에 대항하는 일과 하나님께서 맡기신 일에 우리 마음을 쏟는 일에서 의지의 행동에 의해 하나님께 순종하기로 선택합니다. 우리가 의지를 사용하여 그분께 순종하기로 할 때, 하나님께서는 우리 영혼에 그분의 영적인 물을 넘치게 공급해 주십니다.

7
요약과 결론

이제까지 우리는 우리 영혼이 아래로 뿌리를 내리고 위로 열매를 맺도록 하기 위해 하나님께서 예비하신 것들을 살펴보았습니다. 우리는 지성을 사용하여 묵상을 하고, 감정을 사용하여 친교를 나누며, 의지를 사용하여 선택과 순종을 할 때, 우리 영혼에 영적으로 물이 공급되고 우리는 그리스도로부터 양분을 섭취하게 된다는 하나님의 약속들을 고찰했습니다.

그렇다면 그것이 성공적인 그리스도인의 삶을 위해 필요한 것의 전부입니까? 당신은 경험을 통해, 하나님의 말씀을 묵상하고 그분과 친교를 나누고 하나님께 순종하며 따르는 데 시간을 보내는데도 예기치 않은 상황에서는 그리스도를 닮지 않은 반응을 나타낼 수 있음을 알았을 것입니다. 해결되지 않은 문제가 남아 있는 것 같습니다.

영적인 반응과 신체적인 반응을 비교해 보는 것이 이 문제의 뿌리에 도달하고 그 해결책을 찾는 데 도움이 될 것입니다. 우리들의 행동을 좌우하고자 끊임없이 경쟁하는 듯한 다섯 가지 감각이 있습니다. 갓난아기의 보드라운 뺨을 한 번 만져 보게 되면 다시 한 번 '만져 보고' 싶은 마음이 간절해집니다. 꽃밭에 들르면 우리 후각은 자신이 좋아하는 향기를 좀 더 '맡고' 싶어 합니다. '혀'는 우리가 좋아하는 진미로 다시 우리를 이끕니다. 음악을 감상하는 일에 우리 귀가 익숙해져 있다면 여러 가지 소리가 들려 와도 자기가 좋아하는 멜로디에 우리 '귀'가 솔깃해집니다. 여러 색깔들이 있을지라도 아름다운 색깔에 우리 '시선'이 멈춥니다. 우리의 오감은 우리의 행동을 결정하기 위해 주의를 끌고자 경쟁하는 여러 목소리들 중 대표적인 것입니다.

이와 비슷하게 우리 마음속에도 우리 영혼의 주의를 끌려고 애를 쓰는 여러 가지 목소리들이 있습니다. 바울은 이것들 가운데 많은 것을 열거했습니다. "음행과 더러운 것과 호색과 우상 숭배와 술수와 원수를 맺는 것과 분쟁과 시기와 분 냄과 당 짓는 것과 분리함과 이단과 투기와 술 취함과 방탕함과 또 그와 같은 것들이라"(갈라디아서 5:19-21).

예기치 않은 상황에서 우리는 대개 평소에 가장 부지런히 키워 온 목소리에 반응을 나타냅니다. 그 목소리는 마땅히 성령의 목소리여야 합니다. 성령께서는 물론 우리 귀로 들을 수 있게 말씀하시는 것은 아니지만, 하나님의 말씀으로 흠뻑 젖어 온 마음과 생각에 뚜렷한 느낌을 심어 주심으로써 말씀하십니다.

경쟁을 벌이고 있는 목소리들 가운데 가장 위험한 것이 자아의 목소리입니다. 우리 자아를 자기 연민, 비난, 다른 사람들에 대한 비판 등으로 먹이는 것이나, 교부들이 일곱 가지의 심각한 죄라고 불렀던 교만, 시기, 분 냄, 탐욕, 폭식, 육욕, 나태 등에 빠지도록 방치하는 것은 위기 때 성령을 압도할 목소리를 강화시키고 있는 셈이 됩니다.

그러한 상황에서 하나님의 명령은 이것입니다. "그러므로 땅에 있는 지체를 죽이라. 곧 음란과 부정과 사욕과 악한 정욕과 탐심이니 탐심은 우상 숭배니라"(골로새서 3:5). 이 말씀의 후반부에 열거된 것들은 또 다른 목소리들입니다.

이 목소리들은 헌신의 표시로서 수양회에서 손을 들거나 캠프파이어에 장작을 집어넣거나, 단호한 결단을 내린다고 반드시 줄어드는 것은 아닙니다. 그보다는 사용하지 않을 때 그것들은 굶주려 무감각해집니다. 긍정적인 것을 사용하면 부정적인 것은 힘이 줄어듭니다. 그러므로 우리가 묵상과 친교와 올바른 선택과 순종을 통해 우리 영혼에 영적 영양을 공급할 때, 우리는 그리스도께 반응하는 것이며, 하나님의 목소리에 귀를 기울일 수 있도록 우리의 민감성을 향상시키고 있는 것입니다.

　이러한 긍정적인 것들에 영양을 공급하고 그릇된 목소리를 부인할 때, 우리는 성숙과 예수 그리스도의 보다 충만한 기쁨 가운데로 나아가고 있는 것입니다. 이와 함께 우리는 때와 장소와 환경에 상관없이, 결실이 그치지 않는 과실나무를 점점 더 닮아 가게 됩니다.

묵 상

1988년 2월 23일 초판 1쇄 발행
2019년 5월 1일   3판 1쇄 발행
2020년 7월 28일   3판 2쇄 발행

펴낸곳: 네비게이토 출판사 ⓒ
주소: 03784 서울시 서대문구 연희로 16 (창천동)
전화: 334-3305(대표), 334-3037(주문), FAX: 334-3119
홈페이지: http://navpress.co.kr
출판등록: 제10-111호(1973년 3월 12일)
ISBN 978-89-375-0553-9   03230

본 출판사의 서면 허락 없이는 본서의 전부
또는 일부의 무단 복제 및 무단 번역을 금합니다.